Il existe des rivages qui réveillent nos mémoires antérieures et nous murmurent que le monde de l'ailleurs existe et qu'il peut être atteint.

Claude Mettra

A mes enfants et à ceux qui les aiment.

1

UN SI JOLI MARIAGE !

12 mai 1961

A toute volée les cloches de l'église de Paleyron sonnent pour célébrer mon magnifique mariage avec Jérôme. Sur le parvis de l'église, entourés de tous nos amis, nous nous serrons très fort la main. Le soleil nous éblouit.

Quel bonheur ! Enfin mariés !

Jérôme est revenu d'Algérie depuis quinze jours. Après deux ans de séparation, nous n'avons pas pu attendre davantage pour nous marier.

Je sens le voile de tulle voler derrière mes cheveux et s'enrouler dans l'immense traîne qui auréole mon bonheur. Mon cœur éclate de joie. D'espoir aussi, devant cette vie nouvelle que j'attendais depuis l'enfance. Cet instant-là a tellement nourri mes rêves de petite fille et d'adolescente ! L'Amour, pour moi, au moment béni où ma main se niche dans celle de Jérôme, ne peut avoir que la couleur de cette phrase de Saint-Exupéry : « Aimer, ce n'est pas se regarder l'un l'autre, c'est regarder ensemble dans la même direction. »

Je souris à Jérôme qui me rend ce sourire.

« Oh ! oui, je te le jure, Jérôme, devant cette merveilleuse vie qui s'ouvre à nous, c'est ensemble que nous regarderons dans la même direction. »

Sourires. Photos. Cadeaux… Quelle fête ! Quel tourbillon, souligné par les cloches du campanile qui me font tourner la tête. Les yeux de Jérôme sont perdus dans les miens ! Comment peut-on être aussi amoureux ? Aussi heureux ? J'ai vingt ans et la vie commence.

Nos parents sont au faîte de la gloire et du bonheur. Cette cérémonie, c'est leur apothéose ; à la fois symbole de l'amour qu'ils nous portent et signe manifeste de leur réussite sociale…

Au milieu de ces mille personnes qui se bousculent, mon père se penche vers moi : « Souviens-toi, Florence, le mariage est un sacrement. Tu es liée pour la vie ! Sois heureuse. »

Jérôme me sourit et m'embrasse. Je suis heureuse.

En riant, nous entrons dans la salle où est servi un somptueux vin d'honneur. A l'ouest, un fort vent se lève et des nuages noirs s'amoncellent à l'horizon.

⁂

Un hurlement me réveille ! C'est la voix de Jérôme. Je me précipite hors du lit. Il crie une nouvelle fois. Je cours, à moitié réveillée. Je dévale l'escalier en colimaçon qui mène au hall d'entrée. Jérôme gémit. J'allume en hâte et je le découvre là, allongé au pied de la dernière marche. Il a une plaie ouverte. Sa main saigne. La bouteille de whisky qu'il tenait s'est brisée lors de sa chute. Il grogne, essaie de se relever, mais n'y parvient pas.

— Aide-moi, balbutie-t-il d'une voix pâteuse.

Il est tellement ivre que malgré mes efforts nous ne pouvons tenir debout ensemble. Il est si lourd que je m'écroule avec lui sur les tessons de verre. Je me blesse à mon tour.

— Florence..., je... n'ai pas bu, hein ?

Éberluée, je regarde ma jambe meurtrie, puis le sol, où dans une flaque se mélangent sang et whisky. Jérôme est de nouveau allongé sur le sol, il délire. Sa tête bouge de gauche à droite dans le liquide poisseux.

Je suis terrorisée. Jamais je n'ai vu un homme

dans cet état ! Je suis inquiète aussi, il doit avoir un problème terrible pour boire au point d'être ivre mort quelques jours après notre retour de voyage de noces. Je lui caresse le front avec amour. Demain quand il ira mieux, je le questionnerai, je l'aiderai.

Le lendemain matin, à mon réveil, aucune trace de Jérôme dans la maison. A la porte du cabinet médical jouxtant le salon, Irène, son assistante, m'explique qu'il est parti pour une urgence. Les premiers clients arrivent déjà pour la consultation du matin...

Je ne pourrai pas lui parler avant le déjeuner. Qu'a-t-il bien pu lui arriver ? Un patient qu'il sait perdu peut-être et qu'il n'arrive pas à sauver ? Jérôme est tellement sensible, tellement merveilleux. Il a une telle compassion pour tous ses malades...

C'est d'ailleurs la raison qu'il me donne ce soir-là au moment où nous nous couchons. Je l'en aime davantage et lui fait promettre de ne plus jamais recommencer.

— L'alcool est une fuite, et ce n'est pas ça qui guérira ton client !

— Je te le promets, dit-il avant de m'embrasser.

On n'a jamais fait l'amour comme ce soir-là.

⁂

— Il doit y avoir erreur, je n'ai jamais commandé ces caisses !

Le garçon-livreur hausse les épaules et consulte son bon de commande. Il ânonne à haute voix :

— Le docteur Vernegel, c'est ben ici, non ? J'dois les livrer au cabinet... Regardez, c'est marqué là...

Le téléphone sonne dans la maison et je cours en lançant au livreur :

— D'accord, laissez la facture, j'enverrai un chèque.

Au téléphone c'est mon père, le second amour de ma vie. Il est là, discret, mais toujours présent, si proche de moi, si complice. Sa santé n'est pas très bonne, comme toujours, mais il lutte. Chaque jour est un combat pour vivre normalement malgré ses graves problèmes pulmonaires. Prisonnier des Allemands dès les premiers jours de la guerre, il est revenu tuberculeux, avec trente kilos en moins. Un véritable squelette. Et c'est par un effort quotidien de ma mère à ses côtés, par ses soins constants, que nous réussissons à le garder près de nous. Un miracle chaque jour renouvelé.

Les médecins n'y croient plus et pourtant, il est là, en vie. Papa que j'admire tant ! Ma mère, mes sœurs et moi l'aimons avec la profondeur et l'urgence de ceux qui savent qu'ils peuvent perdre demain cet amour-là.

A ses côtés, tout est paix, tout est sécurité. Il suffit que l'une de nous arrive excédée ou en colère pour qu'aussitôt sa voix calme prononce ces mots qui nous apaisent :

— Eh bien ! Il n'y en a pas tant que ça !

Subitement, ce qui nous paraissait révoltant ou insoluble devient alors d'une banalité affligeante.

Papa ! Je t'écoute rire et me taquiner au téléphone. Oui ! Je sais que tu es là depuis la première minute de ma vie, et que tu seras là jusqu'à celle où l'un de nous deux partira... Pourvu que ce soit moi qui parte d'abord !...

Par la fenêtre du vestibule où je me trouve, je vois le livreur vérifier les cartons. Jérôme, qui est rentré, bouscule Irène pour se précipiter vers lui. Il le paie, puis il prend brutalement les caisses de ses mains et les porte à l'intérieur du cabinet médical.

Au téléphone, j'abrège la conversation :

— Papa, je te laisse, Jérôme a terminé ses consultations, il va rentrer déjeuner...

Bien évidemment, je ne lui ai pas parlé de l'« incident » de la veille. Il ne supporterait pas de savoir que Jérôme était ivre. De toute façon, cela ne se reproduira plus.

⁂

Ce baiser-là a le goût d'alcool. Je m'éloigne brusquement de Jérôme, qui vient juste de rentrer pour déjeuner. Il s'étonne mollement :

— Ben quoi ! Je t'ai piquée ?

Son élocution est lourde et hésitante. Ses yeux me fuient, il paraît gêné.

— Jérôme ? Tu as bu ce matin ? Tu sens le whisky !

Cette fois je suis furieuse. Furieuse et désemparée car je m'aperçois qu'en fait je ne le connais pas ! Jérôme, mon mari...

Pendant presque deux ans, il a vécu en Algérie, loin de moi, avec des gens dont j'ignore tout. Qui ont dû l'influencer... Je ne lui ai jamais connu de telles habitudes ! Mais, alors qui est-il cet homme-là que l'Algérie m'a rendu ? Où est-il l'homme de mes années d'étudiante ? Celui que j'ai cru épouser...

D'un seul coup, j'ai peur... Un froid glacial me paralyse de la tête aux pieds. Je regarde Jérôme essayer d'effectuer ses gestes d'un air innocent, le plus naturellement du monde. Mais il n'y parvient pas. Ses mains hésitent, il lâche une assiette qui se brise sur le sol... Devant mon air réprobateur, il s'excuse, s'approche et veut m'embrasser.

Il balbutie :

— Non ! Florence, j'ai… j'ai rien… bu…

Son haleine empeste l'alcool et il n'est que midi. Combien de verres a-t-il déjà bus ? Et pourquoi ? Pourquoi se mettre dans un état pareil ?

Je me raidis et recule d'un pas pour esquiver son baiser. Sèchement, je lui demande :

— Tu bois depuis quand ?

— Je ne bois pas. Ab-so-lu-ment pas…

Brutalement je l'agrippe par le bras et le force à me regarder.

— Jérôme, je t'ai connu un an avant l'Algérie, j'avais dix-sept ans, on a été étudiants ensemble ! Je m'en souviens : tu refusais même une bière !… Mais, qu'est ce qu'il t'arrive ?

Je le regarde souffrir. Mon Dieu que je l'aime. Mais pourquoi s'est-il mis à boire ? Pourquoi ? Brusquement son attitude change. Il me regarde, furieux et d'un coup sec tire la nappe, entraînant tout le couvert et les plats qui s'écrasent sur le sol. Puis il quitte la pièce en hurlant :

— J'ai pas changé !

Folle de rage à mon tour, je le poursuis jusqu'au cabinet médical où il s'est enfermé. Tambourinant des deux mains sur la porte, je crie :

— Ouvre-moi ! Ouvre-moi !

Aucune réponse à l'intérieur. Irène est partie déjeuner. Je hurle de plus belle :

— Ouvre-moi ! Jérôme, ouvre-moi !

— Fous-moi la paix !

La réponse brutale traverse la porte, m'atteignant en plein cœur. Je suis paralysée. J'ai peur. Je sens planer une menace inconnue. Ce fou furieux n'est pas Jérôme. Ce n'est par MON Jérôme ! Je ne comprends plus rien. Moi, Jérôme, je le connais, je l'aime depuis des années. C'est l'être le meilleur, le plus intelligent, le plus généreux, le plus noble que j'aie jamais rencontré.

Que nous est-il arrivé ? Pourquoi boit-il maintenant ? Que s'est-il passé là-bas ? Et moi qui ne me suis méfiée de rien... J'étais seulement inquiète de le perdre, mais sa lettre quotidienne berçait mon amour. Pas une seule seconde je n'avais imaginé que deux ans de guerre pourraient le transformer à ce point. J'étais si jeune, si aveuglée par mes rêves... En fait j'ai épousé un inconnu. Un INCONNU. Il faut que je comprenne, que je le comprenne... sinon je vais devenir folle !

— Jérôme... Je t'en prie, chéri..., ouvre-moi. Ça fait une heure que je suis derrière cette porte. Irène va revenir ! Ouvre !

Pour toute réponse : un bruit de verre qui se brise contre la porte... Puis le choc sourd d'un corps qui s'affaisse en gémissant.

Je hurle :

— JÉRÔOOME !

Affolée, je sors de la maison, fais le tour du cabinet en courant comme une hystérique. La fenêtre est entrouverte. Pourquoi n'y ai-je pas pensé plus tôt ? Je grimpe sur le mur, pousse le battant. Pourvu que les voisins ne me voient pas !... Je saute à l'intérieur du cabinet. Jérôme est allongé, ivre mort, sur le sol. Un peu plus loin, j'aperçois les débris d'une bouteille de whisky, vide désormais. De longues traînées ambrées coulent sur la porte !

Dans une demi-heure Irène sera là, les premiers clients de l'après-midi aussi. Vite ! Vite ! Il faut cacher Jérôme à la maison et tout nettoyer. Je pleure, je renifle, je m'affole en ramassant d'abord les morceaux de verre pour qu'il ne se blesse pas.

Ahanant, ravalant mes larmes, je le tire le long du couloir. Ah ! ce qu'il est lourd ! Je parviens à le faire pénétrer dans le salon. Il baragouine en dodelinant de la tête, puis il se redresse brutalement, tourne sur lui-même et hurle en agitant les bras comme s'il tenait une mitraillette :

— Aaah ! ! Tire ! Tire ! On va les avoir... Tac... Tac... Tac... Tac...

Et il retombe dans un coma éthylique. Je suis désemparée, pétrifiée, mais dans ma tête une voix répète : « Dépêche-toi, les gens vont arriver.. Irène... »

Je l'enferme alors à double tour dans le salon et fonce au cabinet médical nettoyer les dégâts.

Quand Irène arrive, elle me trouve apparemment calme.

— Irène, il faut annuler la consultation. Le docteur a eu un malaise, la fatigue..., il est au lit. Passez ses visites au docteur Lagache.

J'ai l'impression qu'elle me regarde bizarrement. Oh si ! j'en suis sûre ! Elle me regarde en coin. Je lis dans son regard qu'elle ne me croit pas, mais je ne dois pas perdre la face. Je fais tout pour avoir l'air convaincant, car dans ce village voyeur et cancanier la carrière de Jérôme serait fichue.

— Il est très fatigué, il a besoin de repos !

Puis je la plante là car j'aperçois madame Camuzat, la pipelette du village, monter le chemin qui conduit à la salle d'attente.

Dans le salon, Jérôme s'est endormi à même le sol, le visage détendu. Je m'écroule alors auprès de lui, en sanglotant tout près de son visage. Je me tords les mains, j'essuie les larmes qui inondent mes yeux et ma bouche :

— Ô Jérôme ! mon amour ! Qu'allons-nous devenir ?

⁂

J'ai peur comme un animal pris au piège. Comment agir ?

D'abord me taire. Me taire et faire semblant. Cacher le drame dans la mesure de l'*impossible*. Si la rumeur se répand, sa carrière est brisée. Si mon père l'apprend, étant donné son état de santé si fragile, il en mourra de honte et de chagrin.

Ensuite, il faut que j'aide Jérôme ! Je l'aime, il s'en sortira ! Il n'est pas possible que tous mes rêves, mes espoirs, mon idéal, mon exigence d'amour finissent dans les relents âcres des vomissures de whisky !

L'alcool ne peut me prendre Jérôme, je ne peux laisser transformer l'homme que j'aime en un être abject et avili.

Non ! Ce n'est pas possible. Je vais me battre. On va se battre tous les deux !

Parce qu'on s'aime.

2

UN SOLEIL TROP TARD

« Ah ! Voilà le docteur Vernegel. »

Les badauds, massés autour de cet enfant que l'on vient de retirer des eaux bourbeuses du fleuve, semblent soulagés. Jérôme et moi claquons les portes de la voiture qu'il vient d'immobiliser près de l'attroupement.

Jérôme court, sa trousse médicale à la main. Les curieux s'écartent en silence. Mon mari se penche sur la poitrine du petit garçon. Un secouriste arrivé avant lui, lui glisse à l'oreille

— C'est foutu, vous savez !

Jérôme commence à exercer sans paraître entendre le diagnostic pessimiste. Les battements cardiaques de l'enfant ne sont plus audibles.

Il se met alors à masser énergiquement la région du cœur. Il s'épuise, continue, ne se décourage pas. Visiblement il souffre. Il se penche sur la bouche de l'enfant, alterne massage et respiration artificielle, jusqu'à la limite de l'épuisement.

Je le regarde et l'admire. Au moment où tout le monde perd espoir, le cœur de l'enfant se remet à battre.

Un cri de joie sort de la bouche de tous ces gens réunis dans une même angoisse. Tandis que le petit garçon ouvre doucement ses yeux bleus magnifiques, surpris par la lumière, par la vie, je prends la main de Jérôme et le regarde avec tristesse et amour.

Jérôme se relève. D'un geste familier, il passe la main dans ses cheveux en épis. Comme un zombie, après avoir caressé le visage du petit garçon, il s'éloigne, seul, légèrement voûté. Je le rejoins, le prends par la taille et l'embrasse tendrement.

— Je voudrais te faire un enfant.

Jérôme s'arrête, me regarde et doucement me répond :

— Si tu en as le courage... ça me sauverait peut-être...

⁂

Les premiers mois de ma grossesse sont calmes. Il semble que Jérôme se soit assagi. Les souvenirs d'Algérie s'estompent-ils ? Les réunions de famille, heureuses et apaisantes, se succèdent, soudant encore un peu plus, s'il est possible, l'amour que je porte à mon père dont la santé se fragilise. Jérôme n'ose rien me dire mais je sens à sa voix qu'il me ment au sujet de l'état de Papa.

Cet hiver très froid cloue mon père au lit. Il ne peut pratiquement plus respirer et lutte pour qu'un mince filet d'air puisse encore passer par ses poumons dévorés par les séquelles de la maladie.

Lorsque je lui annonce que je vais être mère, je découvre dans ses yeux un tel bonheur qu'il efface toutes mes craintes. Je me jure alors, au pied de son lit de malade, de ne jamais lui avouer l'alcoolisme de mon mari.

Le répit est de courte durée. Jérôme fait des cauchemars. La guerre ne le lâche pas. Penchée sur ses lèvres, j'entends défiler les souvenirs d'horreur qui hantent ses nuits : tortures, morts, tueries... Toute cette horreur ne cessera donc pas ? Je sens bien qu'il s'est remis à boire. Plusieurs signes ne me trompent pas.

S'organise alors un jeu de cache-cache épuisant. Il dissimule les bouteilles, je les découvre. Maintenant elles sont partout, dans les placards de son cabinet médical, derrière les livres de la bibliothèque, derrière les fauteuils… Partout où il peut les attraper et boire sans être vu.

Les doutes d'Irène doivent s'en trouver renforcés. Elle me regarde lourdement, même si elle ne dit toujours rien. Pas la moindre allusion. Je lui demande à cette époque de supprimer les consultations de l'après-midi, prétextant que mon mari est trop fatigué. Elle basculera ainsi la clientèle sur le cabinet de son confrère et ami, le docteur Lagache.

Dès lors, Irène part en fin de matinée, et je passe mes après-midi à surveiller Jérôme pour l'empêcher de boire. C'est puéril, désespérant, et bientôt cela tourne au cauchemar. Non seulement la journée est rythmée au gré de cet infernal cache-cache, mais en prime il me fait du chantage :

— Si tu me laisses prendre un verre maintenant, je te jure que je ne te demanderai plus rien avant cinq heures. Si tu ne me donnes rien, j'irai boire au café. Tout le village saura que tu as épousé un alcoolique, un médecin alcoolique !

La situation devient intenable. Et la naissance qui approche ! Au fond de moi, une certitude : ne rien montrer. Ne rien dire. Ne rien confier à personne. Il va falloir vivre avec ce terrible secret. Me taire et faire semblant.

Je ne reconnais plus Jérôme. L'alcool l'a

complètement transformé. Je pleure toute seule. Et moi, avec l'inconscience de mes vingt ans violés, qui pensais qu'un bébé changerait tout. Je vais hurler ma peine et mon désespoir dans le grenier de la maison. Tous mes rêves piétinés, mon amour noyé dans l'alcool.

Je hurle pour cet enfant qui va venir, les mains posées sur mon ventre secoué par le hoquet de mes larmes. Je hurle ma peur, mon impuissance, mon incarcération. Pardon, mon bébé, pardon, j'ai voulu y croire. J'ai voulu avancer sur le chemin de l'amour, mais personne ne me suivait plus. Pardonne-lui, c'est ton père mais ce n'est pas sa faute, je t'en conjure. Pardon.

C'est à cause de la vie, de la guerre, de la folie des hommes. Ton père est un être bon, tendre et droit... Pardon mon enfant pour ce gâchis dans lequel tu vas naître... pardon et... aide-moi s'il te plaît car j'ai tellement envie de mourir...

Divorcer ? Impossible ! Inconcevable. Pas à cette époque. Ce sont les événements de 1968 qui ont apporté cette liberté. Mais avant, sur la planète années soixante, et surtout dans un village comme le mien, la chose était inimaginable. Qu'aurait dit mon père ? Les gens ? La fille d'un notable qui quitte son mari... Impossible ! Prohibé.

Je tiendrai. Je tiendrai pour mon père.

Peu à peu je me calme. Cette fois, je suis vraiment coincée. Finis les rêves. Fini l'Amour. Tué l'idéal... Jérôme m'inspire des sentiments contrastés et contradictoires. Je l'aime encore, mais cet amour-là est entaché, sali par le dégoût et la colère. Pourtant, il va falloir vivre avec ce dégoût et cette horreur. Tout mon amour, je le donnerai à mes enfants. C'est pour eux que je vivrai. C'est la seule solution pour survivre à mes vingt ans.

Un soir, peu avant la naissance du bébé, je me rends chez mes parents. Je suis alors décidée à tout dire à mon père. Lassée, fragilisée par tant de solitude, je ne lui épargne aucun détail, violant ainsi la promesse que je m'étais faite. Pourtant, j'essaie de garder un ton calme, maîtrisé, pour que le choc soit moins brutal.

Il m'écoute sans un mot, livide. A la fin, il me prend les deux mains et me regarde droit dans les yeux. Son ton est ferme :

— Florence..., le jour de ton mariage je te l'ai déjà dit, une union bénie est un sacrement. Ton devoir est de rester. Tu n'as pas d'autre alternative. On ne divorce pas. On fait son devoir.

Sa voix se casse, et beaucoup plus bas :

— Nous t'aiderons. Nous ferons bloc.

⁂

Voilà. La porte de la prison vient de se refermer pour dix-huit ans. Dix-huit ans de combat, de larmes amères, de souffrance et surtout, surtout de silence ! Rien ne doit transparaître.

Seuls mes trois enfants, l'aîné, Franck, et les deux filles, Chloé et Anne, me procurent des moments merveilleux. Des instants de bonheur ! Ils sont ma raison de vivre, mon coup de foudre, l'amour qui remplit toute ma vie. Grâce à eux je peux tout supporter. Car, si les yeux de mon père me renvoient de l'affection, j'y lis aussi la sévérité. Son regard m'oblige à rester dans l'enclos. Prisonnière. On ne divorce pas, on fait son devoir...

Cependant, mon envie de vivre s'efface jour après jour. Je m'use auprès de Jérôme, que je vois plonger sans recours. Les fenêtres de la vie se ferment l'une après l'autre. J'en oublie même qu'il pourrait exister autre chose. Le fardeau fait partie intégrante de mon corps et de mon quotidien.

⁂

Les années passent. Jérôme se dégrade, bouffé par ce mal qui ronge son intelligence, son équilibre, sa douceur. Il devient même parfois hystérique. Pendant ces périodes de crise, les enfants vont dormir le soir chez mon père et ma mère. On prétexte la mauvaise santé de Papa.

Le village commence à jaser. Je nie. Plus je me sens épiée, plus j'affiche un sourire serein. J'ai appris les maquillages qui cachent sur un visage les traces des nuits d'insomnie et de violence. Je tiens comme un roc. Je ne sais même pas si j'ai tort ou raison. C'est ce que je dois faire, un point c'est tout.

Nous vivons heureusement des périodes d'accalmie, qui nous permettent de reprendre notre souffle. Jérôme boit désormais par cycles de dix jours. Pendant les quinze jours qui suivent, un calme relatif s'installe.

Là, Jérôme devient un père très attentif, aimant. Des bouffées de tendresse désespérées me montent à la gorge quand je le vois parfois, complètement sobre, jouant avec ses trois enfants, les prenant dans ses bras, les embrassant... Avec au fond des yeux, des lueurs de total désespoir.

Oui ! Il les aime, tout en ne sachant comment le leur dire. Il devient alors attendrissant par sa sincérité, sa gaucherie, sa bonté. Il les aime, il nous aime, tout en sachant qu'il gâche notre vie.

S'il n'y avait pas l'alcool, nous pourrions être heureux ! Il a tant de qualités, Jérôme. Quand je le vois, grand et juvénile, courant dans la forêt, son fils à la main, Chloé et Anne à ses trousses qui piaillent d'excitation... je me sens mourir de chagrin.

Moments rares de bonheur. Mais tout cela est trop bref, trop vite anéanti, englouti par l'alcool qui l'attire irrésistiblement.

A l'issue de ces périodes paisibles et heureuses, je le vois qui se transforme. C'est d'abord son visage qui change, puis son élocution. Son regard devient trouble. Il se met à chercher la dispute. Il se débat comme un possédé déchiré entre deux personnalités. Dr Jekill et Mr Hyde. C'est affreux. Je le vois replonger dans un marécage d'où mes bras ne peuvent l'extirper. Il quitte mon rivage, le désespoir et la violence dans les yeux.

Personne ne peut venir à son secours. Il refuse de voir un confrère, de se faire soigner. Il se noie avec provocation dans son enfer, refusant toute bouée.

Alors, je me durcis. Je mets des œillères. Dure, métallique, je me renferme dans la carapace que je me suis forgée. Je tiens sans regarder à droite ni à gauche les rivières dans lesquelles cabriole la jeunesse des amis de mon âge.

Il n'existera plus jamais rien d'autre dans ma vie. Je suis devenue une morte vivante, une statue de sel insensible, à mille lieues d'imaginer que la douleur puisse encore m'atteindre.

⁂

Mai 1979

La cour de l'hôpital sent le printemps. Pour la première fois, depuis ce long hiver glacial, une odeur joyeuse, fraîche, que seules exhalent les plantes quand l'hiver fait place à la vie, tourne en spirale autour de moi. Ce printemps arrive trop tard. Beaucoup trop tard. Ce parfum se moque de mon chagrin. Mon père n'a pu lutter tout l'hiver, cette fois cela a été trop long. Ses poumons n'ont pu résister sans soleil.

Et, les yeux rivés avec amour sur « ses femmes », mes sœurs, ma mère et moi, comme s'il voulait se faire pardonner cette unique défection, il s'éteint. Son visage reflète alors une immense paix comme s'il était irradié de l'intérieur.

Cette fois c'en est trop, je vais mourir de chagrin. C'est comme si l'on venait de m'arracher ma propre vie. Je suis à la fois vide et remplie d'une douleur insoutenable.

Je titube dans cette cour d'hôpital où les effluves du printemps naissant me donnent la nausée. Ah ! Si seulement ces premiers rayons de soleil avaient brillé un mois plus tôt, il aurait tenu encore un peu... encore une année, peut-être...

J'ai l'impression de mourir comme si mon double venait de me quitter. C'est cela : je vivais avec mon père, malgré ses principes, dans une sorte de gémellité complice. Je ne pourrai pas continuer à porter le calvaire de ma vie sans lui, sans sa force, sans sa sévérité stimulante. Je sais ma mère plus compréhensive. Pourquoi lutter désormais ?

Où est-il ? Son corps s'est déjà raidi. D'où vient cette paix extraordinaire répandue sur son visage ? Il croyait en un Dieu d'Amour qui devait l'accueillir. Est-ce cette croyance en l'au-delà qui l'a aidé à partir ? Mais, maintenant où est-il ? Où ? Où ?

Mes sœurs et ma mère sont près de lui. A son chevet. Moi, je sanglote, assise sur le muret bas du jardin de l'hôpital, incapable de reprendre ma voiture. Il faut pourtant que je rentre pour les enfants. Mais la douleur m'étouffe, me paralyse. Je ne peux bouger. Ce sont les infirmières qui me découvrent là en prenant leur service, des heures plus tard, au moment où l'aube rosit l'horizon et où les oiseaux, indifférents à ma douleur, se mettent à chanter.

Le soleil se lève.

Un soleil trop tard.

Je suis glacée, tétanisée. On me raccompagne chez moi.

⁂

Suivent plusieurs mois où je sombre. Ma mère, dominant son deuil, prend les enfants chez elle et m'oblige à soigner ma dépression. Tout a croulé autour de moi.

Les temps ont changé. J'ouvre les yeux, on divorce allégrement dans cette nouvelle société. Cela ne choque plus personne. Toutes les raisons que j'avais d'aller au bout de mon sacrifice viennent de s'écrouler. En fait, je me rends compte que ce renoncement était devenu ma vie même.

Et maintenant, voilà que je me fais l'effet d'un dinosaure. J'ai tellement lutté pour garder les fenêtres closes, je me suis tellement battue à l'intérieur de ma prison que je ressemble à une taupe qui sort d'un tunnel, aveuglée par la moindre lumière. Une taupe qui ne comprend plus où elle se trouve.

Le devoir ? Oui, le devoir ! Mais à l'aube de ces années quatre-vingt il n'a plus la même intransigeance que dans les années soixante, le monde a basculé dans une autre période. Les critères, les codes sociaux et humains ont changé !

Le sacrement de mariage ? Oui, bien sûr ! Mais pour moi qui me contrefiche de l'avis du curé du village et de tous les autres d'ailleurs, ce n'est plus un support. Plus rien n'est un support. Même pas mes enfants, qui se réfugient de plus en plus chez leur grand-mère, où ils sont presque soulagés de vivre au calme. Bientôt, afin de les éloigner, de les protéger, je les envoie en pension dans la ville voisine.

Quand j'émerge enfin de ma dépression, je décide de divorcer. Le peu de pitié, le reste d'affection que j'avais pour Jérôme se sont, au cours de ces longs mois de tunnel, transformés en véritable haine. Haine pour cette vie gâchée, ma jeunesse perdue, mes illusions...

Je quitte Jérôme et pars m'installer chez ma mère, où mes enfants me rejoignent le week-end. Je suis alors à mille lieues d'imaginer le tournant extraordinaire que me réserve le destin.

⁂

Un an après notre divorce, Jérôme meurt d'une hémorragie cérébrale en pleine nuit : résultat attendu par tous, y compris ses confrères, qui, au rythme où il vivait, ne le voyaient pas dépasser quarante-cinq ans.

Je quitte alors le bourg et reprends un poste d'ingénieur comme me le permet ma formation. Je m'installe dans la ville où mes enfants sont déjà pensionnaires. Ils quittent le pensionnat et nous nous installons dans une nouvelle maison. Ensemble, nous essayons tant bien que mal de revivre, d'oublier.

⁂

Tout est difficile dans cette nouvelle vie. Je suis une plaie vivante, mes cicatrices ne se referment pas. Dans mon cœur la haine est tenace. Je recherche la solitude, je ne veux pas d'amis. Je fuis les gens de mon âge, je les regarde avec curiosité. Je ne comprends rien à leur vie. Elle me paraît si simple, si facile, en comparaison de la mienne. Je n'ai rien à leur dire. Leurs rires, leurs motivations, leurs buts, leurs jouissances, je ne les comprends pas. Ils me semblent futiles. Je m'ennuie avec eux. Ils posent des questions auxquelles je ne réponds pas. Ils se demandent pourquoi je suis si secrète, pourquoi je reste seule « à même pas quarante ans ».

Et moi, je ne veux parler, je ne peux parler. Je suis encore cet animal blessé, tapi au fond de sa tanière qui lèche ses plaies sans voir que dehors le soleil brille, et peut-être pour lui.

Entourée de l'animosité des confrères masculins, de la méfiance des femmes à mon approche de leur couple, je comprends définitivement que ma vie est faite de solitude. Mais cela ne m'attriste pas. L'amour que j'ai pour mes enfants est tel, le travail auquel je dois faire face pour subvenir seule à leurs besoins si épuisant, que mes nuits et jours sont amplement remplis.

Dans leur attitude de préadolescents, je vois bien que la vie que nous avons menée a laissé des traces. Pendant toutes ces années de drame, j'ai cru dans mon orgueil de mère-qui-fait-face-à-tout qu'ils n'avaient pas été marqués, qu'ils n'avaient presque rien remarqué, qu'ils n'avaient pas souffert...

Malheureusement, les démons du souvenir et de la souffrance torturent leur âme et leur esprit.

Je culpabilise, je ne sais plus. Peut-être aurais-je dû avoir le courage de partir plus tôt. De braver la société ? De crucifier mon père ? J'aurais dû... peut-être... J'aurais dû... J'aurais dû...

Une dépression profonde s'installe chez l'un de mes enfants, plus faiblement chez les autres au cours de leurs années d'adolescence, conduisant le plus touché aux portes de la mort.

Années si dures, si terribles que je ne peux, aujourd'hui encore, en parler, je ne veux plus en parler puisque désormais mon enfant est sauvé et que les autres ont réussi à leur tour, grâce à l'amour, à surmonter ces épreuves.

Jérôme est un souvenir cruel que j'essaie d'oublier malgré les ravages qu'il a causés dans nos vies et qui me laissent à son égard une haine vivace.

Le temps n'adoucit pas non plus le manque que l'absence de mon père creuse dans mon âme.

⁂

Très proche de l'une de mes sœurs, je parle sans cesse de mon père avec elle. Toutes les deux sommes très tentées de consulter un médium puisqu'il paraît qu'on peut entrer en contact avec les personnes décédées. Mais nous sommes méfiantes. Nous ne voulons pas courir le risque de rencontrer un charlatan. Ce serait pire encore. On décide donc de ne jamais tenter l'expérience. Trop dangereux.

Nous ne trouvons de consolation dans aucune religion au monde. Toutes nous paraissent bien trop « humaines », trop superficielles, incohérentes. Voilà ce que je répète sans cesse.

« C'est incohérent ! incohérent ! »

⁂

Aujourd’hui, je sais que mon père est vivant près de moi. Il est aussi présent qu’au jour de sa mort. Il vit avec moi et je suis sûre de son action agissante à mes côtés. Il n’est pas un souvenir ; IL EST VIVANT. Mes sœurs, ma mère et moi le savons.

Où ? Comment ?…

Nous sommes pourtant stupéfaites et incrédules lors de son premier appel, tant d’années après son décès !

3

PREMIER CONTACT

Printemps 1990

— Je t'assure ! Papa veut me parler !

La voix d'Isabelle est péremptoire. Tout le monde sait dans la famille qu'elle est plus intuitive que nous tous. Néanmoins, quand même, sa réflexion m'arrache un éclat de rire :

— Ah ! oui ! Et comment le sais-tu ?

Isabelle a une voix très posée, un peu agacée par mon rire :

— Écoute ! Ne ris pas ! Tous les matins depuis quinze jours, très tôt, vers sept heures, je suis réveillée et je sens une forte présence à mes côtés. C'est Papa ! J'en suis sûre ! Il veut me parler !

Je ne ris plus ! Depuis des années, moi-même, j'ai tellement hésité à consulter un médium qui me mettrait en contact avec lui ! Et puis, certains assurent qu'il est possible de ressentir la présence d'êtres vivant sur un autre plan.

Imagination ? Réalité ? Je n'en sais rien !

— Tu m'entends ? crie ma sœur dans l'appareil, étonnée de mon silence.

— Euh ! oui ! oui ! Mais qu'est-ce que tu veux qu'on fasse ?

La peur des charlatans, la méfiance de notre imagination nous conduisent à la conclusion qu'il n'y a rien à faire, on ne peut pas essayer de communiquer avec les disparus sans prendre le risque de tomber sur un escroc. D'abord, parce qu'il n'y a peut-être rien de l'autre côté du miroir. Il faut oublier cette idée.

⁂

La vie reprend, mais je sais qu'Isabelle ressent ces appels avec une pression de plus en plus forte, quotidiennement. Simplement, elle n'ose plus me le dire.

Quelques semaines plus tard, je l'appelle pour lui parler de mon fils, particulièrement fatigué et déprimé en ce moment. Il désire venir passer quelques jours chez elle.

A ma grande stupéfaction, elle me raconte en

quelques mots l'expérience qu'elle avait décidé de me taire. Au cours d'un dîner, sa meilleure amie, Alix, lui a raconté qu'elle venait de réussir à entrer en contact avec sa mère grâce à un médium.

Je connais l'amie d'Isabelle. C'est une femme froide, intelligente et cultivée. Si elle en a parlé à ma sœur, c'est que vraiment l'expérience l'a, sinon convaincue, du moins ébranlée.

Isabelle m'avoue alors qu'elle est allée rendre visite à ce médium et qu'elle en est revenue aussi ébranlée que son amie Alix.

— Je t'assure, c'est troublant. Cette femme entre en transe, son visage change et exprime un bonheur profond, une paix intérieure, puis son crayon part et elle se met à écrire d'immenses mots qui couvrent la feuille. Écoute, je vais te lire le message que j'ai reçu :

Bonjour ! Heureux ! Ô combien heureux d'être là aujourd'hui.

Je suis ton père, Eugène. Je suis comblé de ta présence, merci à vous, madame, de me servir.

Merci d'avoir répondu à mon appel qui, comme tu l'imagines, était pressant. Ma petite, il ne se passe pas une journée sans que je n'aie fait une visite chez toi ainsi que chez ta sœur. Vois-tu, j'ai la permission divine, et en entier accord avec le Tout-Puissant. Ici tout est Lumière, et je souffre surtout de voir la Terre se déchirer. Ce manque d'amour envers autrui, c'est ce qui est le plus dur à accepter, car ici tout est Lumière.

Écoute... pour le petit... que de chagrin, que de désespoir, sa tête, sa pauvre tête, je t'en prie, il faut l'aider, il faut le secourir, il y a espoir, mais beaucoup, beaucoup de paroles qui lui ont déchiré le cœur... le mal de vous, pauvres humains. Tu dois lui ouvrir les bras, ouvre ton cœur, aide-le car à travers lui, c'est toute l'humanité que tu aides. Tu as assez d'énergie et tu sais comment et combien te ressourcer.

— Que puis-je faire pour mon amie Alix, qui a un cancer ?

Amène-la à notre vie, amène-la à voir notre monde. Je saurai vous guider pour trouver les mots. Pour l'instant, laisse, elle aura un signe plus tard et nous contactera...

Je suis comblé de ta présence et je te remercie. Apprends à écouter ceux qui n'ont pas les mêmes idées que toi.

— Quelle est ma mission sur cette Terre ?

Vois-tu, tu dois aller vers les autres, leur apporter sécurité et apaisement...

Puis :

Bon... un sujet qui me tient à cœur, notre maison... il y avait beaucoup d'amour dedans, je souffre de voir les propriétaires se déchirer.

— Veux-tu que nous la rachetions ? demande Isabelle.

Non ! Non !... Mais juste un dernier petit pincement. A vous de voir !...

Isabelle arrête sa lecture.

— Voilà ! Est-ce que cela vient de Papa ? Je n'ai jamais eu connaissance de problèmes entre les nouveaux propriétaires de la maison. Tu es au courant, toi ?

— Non... Pas du tout. Écoute, c'est facile à vérifier.

Je lui rappelle que c'est Gilles, notre notaire de famille, qui a vendu notre maison à ces gens. Il habite sur place. Il doit savoir, lui !

En effet, le lendemain Gilles me tient au courant de la situation. Il est en train de chercher à revendre la maison car le jeune couple qui nous l'a achetée à la mort de mon père divorce et cela se passe très mal...

Quant au « petit qui souffre », surprenant ! Qui

est-il ? Pourquoi Isabelle n'a- -elle pas eu la présence d'esprit de demander à son « interlocuteur » de qui il s'agissait ?

Des questions et impressions contradictoires se bousculent dans ma tête. Le mieux, au fond, c'est que je fasse l'expérience moi-même. On verra bien ! Ébranlée par cette « coïncidence » au sujet de la maison, je décide de rejoindre ma sœur et de tenter avec elle l'expérience.

Dans mon esprit, tout est clair, il s'agit d'une simple curiosité prudente.

⁂

Élise, le médium, est à mes côtés dans ce petit pavillon sans mystère. Je l'observe : calme, simple, enjouée... Qu'est-ce que je viens faire là ? Je m'étais pourtant bien juré de ne jamais tenter ce genre d'expérience.

Cette femme est gentille, sans détours. Je l'écoute parler. Je me tais pour éviter de lui donner le moindre renseignement, ma sœur en fait autant, acquiesçant à ses paroles par un simple mouvement de tête poli. Au bout d'un certain temps, elle prend notre mutisme pour un désintérêt total et, gênée, s'excuse :

— Pardonnez-moi, je suis bavarde. J'ai besoin de parler de tout ce qui m'arrive depuis six ans. Ma famille ne me comprend plus… Je me sens si seule.

Nous acquiesçons encore une fois, attendant avec impatience le moment où elle va enfin prendre « un message ». Elle se tait alors, pose devant elle des feuilles blanches, et prend, entre l'index et le majeur, un stylo bille noir qu'elle tient perpendiculairement à la table. Son visage s'apaise, devient lisse, un bonheur total s'y inscrit, l'éclaire.

Le soleil entre dans la pièce et la baigne d'une ambiance claire et joyeuse. Rien à voir avec l'atmosphère « boule de cristal » voilée d'ombre à laquelle je pouvais m'attendre…

Isabelle et moi avons pris du papier pour écrire en même temps qu'Élise, car elle nous a prévenues qu'elle dirait à haute voix ce que le crayon tracerait sur la feuille.

Paix. Calme. Clarté.

J'ai l'esprit en éveil, qui cherche à déceler une quelconque supercherie. Le crayon posé sur la feuille s'agite soudain de bas en haut. Et là, je suis formelle, c'est le stylo qui entraîne la main, et pas l'inverse. Il trace maintenant de longues lignes parallèles :

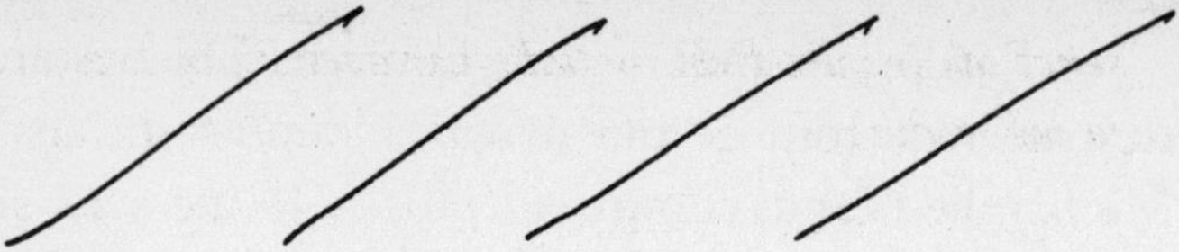

Puis, soudain, il se met à former des mots énormes et le médium commence à lire à voix haute ce que le stylo écrit. Je suis placée à sa gauche et je vois s'inscrire un mot dans ce caractère délié :

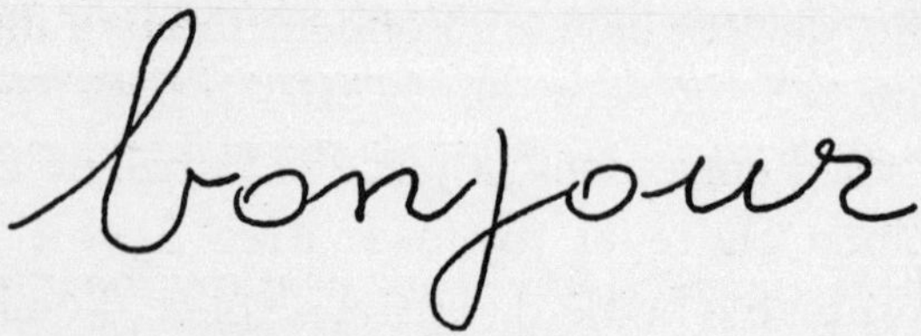

Tout le texte qui viendra ensuite, de manière très fluide, sera tracé au moins à cette grosseur. La feuille se remplit en quelques instants.

Bonjour, je me présente, je suis votre Père d'âme et d'esprit, je peux, par l'autorisation divine, venir aujourd'hui parler avec vous au travers de cette personne à qui je dis « merci » de nous servir.

D'abord pour toi, Isabelle, je suis heureux, comblé, tout d'abord d'avoir trouvé le courage nécessaire pour dire à ton tendre époux ta pré-

sence ici. Je vais d'abord dialoguer avec Flory... et je me réjouis.

Moi, je suis troublée. Flory, c'est le surnom qu'il me donnait quand j'étais petite.

Tout d'abord, laisse-moi te remercier d'avoir gardé ma bague !...

Merci aussi d'avoir entrepris des recherches pour la maison. Notre maison ou, plutôt, votre maison. Vois-tu, ce n'est pas un sentiment de propriété, non, loin de là, mais comme je l'ai expliqué déjà un sentiment d'amour, un profond sentiment d'union.

Bon... maintenant, je peux vous confirmer ma position en tant qu'entité, en tant que Lumière. Vois-tu, ici si l'on peut dire, tout est ondes, tout est vibrations.

Je suis heureux, et jamais je ne le dirai assez, encore et encore, car, vois-tu, il faut le crier, il faut le proclamer, il faut le justifier : **il n'y a pas de mort... Il y a continuité de vie, mais une vie éclatante de Lumière, de bonheur et d'Amour**.

Si seulement, ces pauvres humains voulaient se donner le temps de la réflexion, le temps de regarder, ils ressentiraient toutes les vibrations que nous émettons. Mais sans retour !

Bon... maintenant passons aux enfants.

Écoute. Écoute-moi bien, Flory !

Tu as été le nid, le berceau, mais tu n'es pas maître de leur vie. Il faut apprendre le détachement et arrêter de vouloir régenter. Vois-tu, personne ne peut se permettre de faire obstacle à leur chemin. Ce qui est bon pour toi, ne l'est pas nécessairement pour eux !

Ceci est un dialogue pour te faire comprendre et admettre l'Entité qui est en eux. Laisse leur chemin s'ouvrir devant eux... Leurs âmes doivent s'élever d'elles-mêmes...

Soyez heureuses et continuez à veiller sur nous.

Au moment précis où viennent dans le « message » les remerciements pour « la bague », des larmes me montent aux yeux. C'est une émotion très forte, car cette chevalière à laquelle je tiens tant, je viens juste de la retrouver, trois mois après l'avoir perdue. Mais pourquoi au fait a-t-elle dit bague, et non pas chevalière ?

A Pâques, j'étais allée aux sports d'hiver à Verbier, en Suisse, et au cours d'une chute dans la neige, j'avais perdu « sa » chevalière qui ne m'avait jamais quittée depuis sa mort. Totalement désespérée, j'avais cherché avec des amis à l'endroit précis où j'étais tombée, puis des employés de la mairie de Verbier avaient pris le relais, pendant des heures. C'est la mort dans l'âme qu'à la fin du jour, j'avais dû abandonner mes recherches.

Tout le monde comprenait mon chagrin causé par la perte de ce souvenir de mon père, collé à ma chair depuis sa mort.

Les gens de la mairie de Verbier m'avaient alors promis de reprendre les recherches à la fonte des neiges avec un détecteur de métal. Quelques mois plus tard, un appel me parvint au bureau. Une voix au fort accent du Valais me prévint joyeusement :

— Ah ! madame, on a retrouvé la chevalière de votre Papa !

Le bonheur ! Je n'oublierai jamais ces hommes qui n'ont accepté pour toute récompense qu'un petit verre de vin blanc que nous avons bu, en ce début de printemps, dans un chalet rustique au flanc de la montagne riante.

« Merci d'avoir conservé ma bague. » Mais, dans ma tête, cette même question ? Pourquoi bague ? Pourquoi pas chevalière ?

Élise s'arrête d'écrire, le visage blanc comme la cire, elle se frotte les yeux, paraissant émerger d'un rêve.

Ma sœur est troublée, moi aussi. Très troublée, mais profondément sur mes gardes. Elle a pu lire dans nos pensées. La réalité de la télépathie, ça c'est clair, tout le monde en a des preuves maintenant. Je lui laisse à peine le temps de souffler.

— Pourquoi n'avez-vous pas écrit chevalière ? Êtes-vous bien certaine d'avoir entendu le mot bague ?

Ma question ne la trouble pas. Elle n'a pas le souvenir de ce qu'elle a tracé. Elle retourne les feuilles dans tous les sens pour retrouver le passage.

— Ah ! Voilà... Non ! Non ! regardez ! C'est écrit bague, pas chevalière. J'en suis sûre, je l'ai entendu en même temps que je l'écrivais... Oui, ça c'est drôle, ajoute-t-elle en regardant mon doigt trop fin pour la chevalière très masculine qui s'y incruste.

Elle lève les sourcils... Puis se remet à parler. Le langage qu'elle utilise alors est totalement différent de celui employé lors de la réception des messages, le style aussi est tout autre. Elle n'emploie plus du tout les mêmes expressions ni les mêmes mots. Son verbe est simple, quotidien, joyeux. Elle rit... Elle est une autre.

Je sors troublée, pas entièrement convaincue. Je me rappelle m'être penchée vers Isabelle pour lui dire

— Tu crois qu'on s'est fait avoir ?

— Je ne sais pas. Moi, je la crois honnête. Et puis, elle t'a appelée Flory, le nom que Papa te donnait quand tu étais petite. Comment aurait-elle pu deviner ?

Des années que je n'avais plus entendu ce diminutif. Je reste pourtant sceptique.

— Où est le piège ?

⁂

L'explication de l'emploi inattendu du mot « bague » nous viendra quelques mois plus tard par Maman, qui, prévenue de nos contacts, fond en larmes à cette évocation. Elle nous explique que chaque soir Papa posait sa chevalière sur la table de nuit en lui disant :

— Demain matin, rappelle-moi de reprendre ma bague.

Ma mère alors le coupait en riant :

— Pas bague ! chevalière !

— Mais tu sais bien, disait-il, avec mon accent alsacien, je ne peux pas prononcer chevalière sans que tu te tordes de rire, alors !

Alors, nous dit ma mère, c'étaient des fous rires sans fin quand elle cherchait à améliorer sa prononciation... Et, à la fin, ce mot, « bague », était devenu un code qui entretenait leur complicité amoureuse.

Avais-je dans mon enfance été témoin de ce jeu sans m'en rendre compte ? Élise l'avait-elle pris dans mon inconscient ?

En revanche, le médium ne pouvait avoir pris dans l'inconscient de ma sœur le fait que la maison que nous habitions était le théâtre de déchirements. Isabelle l'ignorait à ce moment-là. C'est moi qui par la suite avais vérifié.

Alors, que croire ? Quels pièges lui tendre pour avoir des preuves ? Des preuves ! D'abord des preuves ! Voilà ce que réclame l'ingénieur que je suis. Des années d'études scientifiques m'obligent à demander des preuves irréfutables, des critères en « béton », avant d'admettre la validité d'un fait. Je ne suis pas prête à gober n'importe quoi. Pas question de me transformer en crédule béate.

***

Pendant quelques mois, Isabelle et moi ne parlons de notre expérience à personne. Mais une même question nous taraude : si Élise parvient à lire nos pensées, peut-elle capter ce que nous ignorons ? Comment cela est-il possible ?

En octobre 1990, soit quelques mois plus tard,

Isabelle retourne seule consulter le médium car elle a la très forte sensation que notre père lui demande de revenir.

Elle y reçoit un nouveau message qui la supplie de nous investir toutes les deux et de travailler avec eux. Il insiste sur l'urgence de trouver des êtres qui soient, sur Terre, des relais d'Amour et de Lumière, des ponts entre eux et nous, car dit mon père :

La Terre va mal, très mal, et ses vibrations négatives l'empêchent de monter et freinent l'évolution du cosmos.

Votre Terre se déchire. Le manque d'Amour, la haine, voilà la catastrophe. Aidez-nous, mes petites.

Ayant décidé de jouer les avocats du diable, je me souviens avoir fait remarquer à Isabelle :

— Bon ! D'accord ! C'est troublant. Mais ne tombons pas dans le piège des terreurs de fin de millénaire !

Cette fois, tout de même, l'idée fait son chemin dans ma tête. S'ils ont besoin de nous pour être des relais à leur message d'Amour sur cette Terre où la violence, la haine, le meurtre règnent en maîtres, cela vaut peut-être la peine d'y réfléchir…

Mais le temps vole si vite ! Ma vie s'englue dans des problèmes d'argent, de travail, et mes enfants dont je dois particulièrement m'occuper... Je n'ai pas un seul instant à moi. Et donc aucun pour me consacrer à cette réflexion.

Pourtant, « ils » ne me lâchent plus et la vie va en décider autrement...

4

COMMENT LEVER UN VOILE SUR LE MYSTÈRE ?

J'habite à Paris désormais, et cela fait des mois que je n'ai plus pris le temps de descendre voir ma sœur, dans la ville où exerce le médium. Elle m'en parle au téléphone car elle y est retournée plusieurs fois. Elle a reçu des messages précis qui, semble-t-il, émanent bien de notre père.

Je puis vous dire qu'à mon tour, je suis ivre de joie. Je suis dans la Lumière la plus haute. Avec passion je navigue, je vais chez toi, Isabelle, chez tes sœurs. Je suis dans la joie christique la plus profonde. Pour son enfant, dit à Flory, mon petit, que sa maladie vient de la fragilité de son esprit, de la fragilité de l'énergie... il fait son chemin bien sûr avec beaucoup plus de mal que certains, mais dis-toi bien une chose : c'est lui qui l'a choisi. On choisit son chemin avant de venir et de revenir. On choisit sa famille. Des groupes fami-

liaux se réincarnent ensemble. Je vous expliquerai toute notre vie au cours de nos futurs entretiens...

Là encore, un message qui ne ressemble pas au langage parlé par le médium. Ce n'est ni son vocabulaire ni sa syntaxe. Et coïncidence troublante, un de mes enfants est actuellement en dépression. Mais surtout, oh ! surtout, ce serait enfin une explication claire à l'injustice que je constate chaque jour sur Terre.

Je ne vois que deux explications possibles.

Soit la vie que nous menons a été décidée par nous, certainement pour réaliser une nouvelle évolution, avant notre apnée terrestre. Mais alors pourquoi choisit-on tel ou tel chemin ? Pourquoi Jérôme avait-il choisi cette voie ? Pourquoi avais-je choisi de l'y accompagner ?

Soit la réincarnation nous libère de l'idée insoutenable du choix cruel et injuste voulu par Dieu pour sa créature. Car comment un Dieu d'Amour pourrait-il nous imposer une incarnation sous la forme d'un être difforme, malade ou misérable ? Si nous n'avons pas eu de libre arbitre, si les incarnations ne nous permettent pas de vivre des vies différentes, alors où est l'Amour de Dieu ?

J'ai brutalement l'impression de tenir en main un fil conducteur, même si l'écheveau demeure encore emmêlé. Il faut que je retourne voir cette femme si simple qui, en transe, inscrit de tels postulats. Tant de questions se bousculent dans ma tête. Et d'où vient son inspiration ?

Malgré moi, je me laisse déborder par le quotidien. Je ne peux me déplacer pour l'instant. Un de mes enfants traverse en ce moment une histoire d'amour douloureuse qui le rend dépressif. Je n'ose quitter la maison.

Désemparée, épuisée devant son chagrin, je décide d'appeler le médium pour interroger mon père. Lui demander conseil. C'est illogique puisque je ne suis encore certaine de rien. J'en suis toujours au stade de la curiosité pure et simple. Mais le chagrin de mon enfant est tel que je me décide. On verra bien !

De toute façon, ou il s'agit d'une simulatrice, auquel cas cette femme va me servir un roman-photo douceâtre, ou j'ai vraiment affaire à un *channel* qui me permet de joindre mon père et, alors là, elle ne peut que m'aider. Je souffre trop de la souffrance de mon enfant. Et je suis lasse de souffrir.

Je l'appelle. Elle s'écrie :

— C'est vous ! Ah ! c'est drôle je pensais à vous à l'instant.

Dans ma tête, un déclic négatif. D'accord ! Mais ça, c'est invérifiable. Je ne réponds pas et demande simplement si je peux contacter mon père pour lui demander de l'aide pour mon enfant.

Sa voix se refroidit.

— Vous savez, je peux demander, mais ils n'ont pas toujours la permission de venir. Donnez-moi son prénom et je vous appellerai ce soir.

— Ah ! Non ! Pas ce soir. Je ne pourrai que vers quatorze heures.

— Dans une heure ? s'exclame-t-elle. Mais, je ne sais pas si...

— Oh ! Essayez ! Je vous en prie.

En reposant le combiné, je me dis que la souffrance de mon enfant m'a véritablement fait perdre la tête pour croire que l'on puisse appeler des disparus comme des pompiers de service.

L'esprit ailleurs, je me remets à mon travail, quand d'un seul coup ma secrétaire entre dans mon bureau et me rappelle un rendez-vous à quatorze heures. Je l'avais oublié !

Immédiatement, je reforme le numéro du médium afin que nous nous organisions différemment. A peine une demi-heure s'est écoulée.

A l'autre bout du fil, avant même que j'aie pu prononcer un « allô », j'entends sa voix me dire :

— Florence ! C'est vous, je le sais, votre Père me l'a dit. J'étais en train de recevoir un message de lui et il m'a demandé de répondre car c'était vous. Attendez...

Là, je suis stupéfaite, car cent autres personnes pouvaient l'appeler à ce moment-là. Quelques minutes qui me paraissent un siècle. Puis, elle reprend le combiné.

— Voilà, c'est fini. Écoutez :

Je suis Eugène, oui, oui, j'ai été appelé en urgence. Je sais ma fille est hautement désemparée par la souffrance de notre enfant qui a mal, très mal.

Suivent des conseils précis, puis :

Dites à Flory que, ce soir, je resterai auprès d'elle. Que, par conséquent, j'essaierai dans la limite de mes fonctions et de mes capacités de me manifester, ainsi Flory pourra mieux nous comprendre et nous accepter.

Que le Ciel m'accorde cette grande faveur, car ceci, voyez-vous, me sera permis, car au travers de ma fille Flory, il y aura beaucoup à faire pour l'humanité. Il y aura le temps où elle témoignera. Voilà... Voilà...

Merci à vous. Je pars... encore merci...

Troublée par cette promesse de manifestation, je me sens envahie par la joie, la curiosité et aussi la peur. J'ai l'impression d'être aux portes d'une Terre inconnue, qui m'attire et m'effraie à la fois.

C'est comme si j'en connaissais la véracité, l'existence, sans avoir encore voulu l'admettre. Car au fond de moi-même, tout m'éloigne de ce terrain. Pourtant, sereine et implacable, une conviction naît en moi : il faut que j'avance, il faut que je sache. Il est temps.

Quelques heures plus tard, je passe la soirée seule, dans le silence le plus total, attendant un signe.

Rien.

A vingt-trois heures ma fille rentre. Elle paraît plus calme, plus sereine, apaisée. Elle vient s'asseoir sur le bord de mon lit. Nous discutons un peu. Je n'ose cependant rien lui dire. Je préfère taire mes expériences tant que je ne suis pas absolument sûre de moi. Puis elle va se coucher.

Elle a à peine quitté la chambre qu'une très forte déflagration éclate. Comme une implosion. Un bruit sec, violent, sans écho.

Je me lève d'un bond et rejoins ma fille dans le couloir.

— Qu'est ce qu'il y a, Maman ?

— Euh ! Rien ! Rien...

Aussi bizarre que cela me paraisse, je dois me rendre à l'évidence : elle n'a rien entendu.

Mais moi, j'ai entendu. J'en suis parfaitement sûre. Personne ne me fera croire que j'ai rêvé. Le bruit était tellement net. Comme si la télévision avait implosé. Je me recouche, dubitative. Je mets un temps fou à m'endormir tant les interrogations se bousculent. Je ne sais vraiment plus que croire.

Dès que je le pourrai, j'irai chez le médium. Ma décision est prise. Je continue à douter mais intellectuellement j'ai besoin d'aller plus loin dans l'expérience. Assez de tergiversations.

Tout nier en bloc serait stupide.

Tout accepter serait dangereux.

Alors il faut creuser, cerner le problème, en disséquer chaque facette. J'ai l'impression de vivre cette histoire comme un spectateur. Je me regarde agir, penser, douter, croire, comme si j'étais sortie de moi, comme si j'étais extérieure à l'expérience.

Tout ne peut s'expliquer par une imagination débordante de ma part. Je n'ai jamais eu aucune imagination. Et même si, enfant, j'en ai eu quelques grammes, mes études l'ont réduite à néant. On nous habituait à vérifier sans fin nos tests et expériences scientifiques. Du concret, rien que du concret, voilà ce que rabâchaient sans cesse nos professeurs.

Il faut que je sache !

Car, si le contact avec l'âme d'un être charnellement disparu est possible, celle-ci peut répondre à nos questions, nous expliquer l'autre côté de la vie... Peut-être peut-on même travailler ensemble à la protection des êtres que l'on aime encore en commun ?

Ce serait une telle Lumière dans nos ténèbres, un tel bouleversement dans nos égoïsmes.

J'ai besoin de savoir.

⁂

Depuis que j'ai décidé de retourner voir le médium, j'ai l'impression, moi aussi, qu'une présence s'impose à moi, constamment, et plus particulièrement le soir quand je rentre seule à la maison : Jérôme. Je le sens là, présent à mes côtés. J'ai la nette sensation qu'il vient à son tour nous parler. Me parler.

Alors ça non ! Non ! Pas lui !

Vingt années m'ont suffi ! Jamais ! Même s'il est possible de contacter les âmes dans l'au-delà, jamais je n'accepterai de lui parler. JAMAIS ! Trop de souffrances, de blessures, de cauchemars, de prison ! Ma jeunesse perdue... Où qu'il soit, qu'il y reste. Pour moi, c'est fini !

Mais la pensée de Jérôme ne me quitte plus. Il est là, présent dans mon esprit, présent à mes côtés. C'est lourd. Pesant. Insistant. Tenace. C'est comme une glu qui empâte ma pensée.

Pour me libérer, car c'est agaçant, j'en parle à Isabelle. Elle m'explique que c'est exactement ce qu'elle a ressenti au premier appel de Papa. A part qu'elle, évidemment, ne trouvait pas sa présence trop envahissante.

Têtue, je continue à ignorer cette présence lancinante et invisible qui me presse de lui parler, de l'écouter. Pourtant... Impossible de lutter contre cette supplication quotidienne.

Aux alentours de Noël 1991, soit plus d'un an après les « premiers contacts », j'appelle le médium et lui explique que mon mari, décédé lui aussi, veut me parler.

En m'écoutant prononcer cette phrase je baisse le ton. Si jamais l'un de mes confrères m'entendait, je serais ridiculisée à vie... Ma carrière serait fichue !

La voix calme et sereine du médium ainsi que son explication rendent à ma démarche une pseudo-normalité.

— C'est compréhensible, dit Élise. Il sait les contacts que vous avez avec votre père, alors... Vous avez dû être tellement heureux ensemble... Et c'est pour ça qu'il veut vous retrouver !

Mon sang se glace… Me retrouver ! Ah ! Non ! Elle se trompe complètement dans la vision qu'elle a de notre ancienne vie. Elle pense que c'est ce bonheur idyllique que nous avons dû connaître qu'il cherche à renouer.

J'ai l'impression qu'elle me raconte un roman-photo. Mais je ne fais rien pour la détromper. Après tout, cela ne prouve-t-il pas qu'en état de non-transe, elle ne voit rien du tout ? Gentiment, elle continue :

— Vous avez dû être si heureux tous les deux !

Je la laisse croire à son histoire digne d'un *soap opera*. Ainsi je verrai bien, cette fois-ci, « qui » me parle. Car, s'il s'agit réellement de Jérôme, son discours devrait être radicalement différent de celui qu'elle vient de me servir.

J'ai tant besoin de preuves.

⁂

Je m'apprête à sonner à sa porte. Je suis venue seule, curieuse, apeurée. Oui. Tous ces sentiments se mélangent en moi.

J'ai envie de savoir mais j'ai peur de m'approcher d'un gouffre d'où remonteraient tant d'effluves nauséabonds, tant de relents de douleur.

Élise « babille » joyeusement en cherchant dans une armoire feuilles blanches et stylo, me parlant encore et encore, dans son vocabulaire si simple, si quotidien, de ce « couple merveilleux qui va se retrouver ».

Silence. J'ai peur. Il est encore temps de dire non.

Assise à ma droite, elle se tait. Se calme. Ses traits se détendent et s'illuminent « de l'intérieur ». Un rayonnement d'une intense bonté émane d'elle. Son index et son majeur tiennent le stylo perpendiculairement à la feuille. Il ne bouge pas.

Puis, doucement, sa main est entraînée. Le stylo trace d'abord des traits parallèles, puis des lettres larges et déformées...

Bonjour...

Je ressens très nettement une présence.

Bonjour ! C'est moi Jérôme. Merci. Ma joie est immense de ta présence ici. Pardon. Pardon pour le bas esprit qui avait possédé mon corps. De toute mon âme, je te demande pardon pour ce que je t'ai fait vivre lors de ma dernière incarnation.

Pardon pour la souffrance que je t'ai imposée. Je n'étais pas conscient. Mon âme était complètement étouffée par mon esprit. Lorsque je suis parti brutalement, j'ai eu beaucoup de mal à me libérer, car je ne comprenais pas ce qui m'arrivait. J'ai même essayé de venir vous parler, sans peine.

Mais, cela est loin maintenant, je rends grâce à la Lumière de ma montée. Mais la chute a été rude. Puis, j'ai pris conscience de l'endroit où je me trouvais ! Je n'ai pas su donner, donc, je reviendrai !

Mais toi, mon amour, oui, car je peux encore t'appeler comme cela, toi, je dois te demander pardon pour ma violence, pour...

Viennent ensuite des descriptions de scènes de notre vie, des phrases que nous prononcions dans l'intimité et que nous sommes, par conséquent, seuls à connaître.

Élise s'arrête, très étonnée.

Je pleure doucement. Je suis vraiment bouleversée. Je sais, cette fois, qu'il ne peut s'agir que de Jérôme. Lui seul connaît tout cela. De plus, tous ces détails qu'il m'apprend aujourd'hui répondent aux questions que je me suis tant de fois posées et dont seul, je le savais, il connaissait la réponse.

Tant de recoupements de notre vie quotidienne

qu'il éclaire de ses explications, revenant sans cesse à sa demande de pardon.

Le médium s'arrête d'écrire et me passe un Kleenex en disant :

— Ça alors, je ne comprends rien !

Tout en m'essuyant les yeux, je lui promets une explication, pour après ! Mais qu'elle continue ! Qu'elle continue !

Le stylo repart, plus lentement, hésitant... Les mots s'inscrivent. Les lettres sont plus larges.

... Sans votre pardon, les âmes restent dans un endroit de grise solitude. Sans la Lumière. Pardon. Pardonne-moi à ton tour, je te le demande, sinon je ne pourrai sortir d'ici. Seul ton amour ou en tout cas ton pardon peuvent me faire remonter vers la Lumière. Merci ! Oh ! Merci de me libérer !

— Bien sûr, Jérôme, je te pardonne de toute mon âme ! Bien sûr, tu as tout mon pardon !

Mon cri a jailli, poussé à haute voix, incontrôlé, tellement sincère. Sa souffrance d'être isolé dans ce lieu sans Lumière, sans amour. Depuis tant d'années, il est prisonnier de ses erreurs et de ma rancœur si palpable !

Le médium pleure. Je pleure. C'est un moment de communion, de retrouvailles et d'amour unique. Le stylo commence à tracer des traits énormes qui sont autant d'exclamations de joie :

Merci ! Oh ! Merci. Par ton pardon je suis libéré. Je vais pouvoir monter. Nous allons pouvoir grandir ensemble ; car tu viens déjà de grandir par la sincérité de ton pardon. Mes vibrations vont changer ! Je vais pouvoir veiller sur toi et sur nos enfants. Merci !... Je reviendrai !... J'en ai la permission divine. Merci à vous ! Il faut nous envoyer des pensées d'Amour qui nous aident à monter car elles retombent vers vous en pluie d'Amour...

— Jérôme ! Monter ? Où ? Vers qui ? Comment ?

Mon appel, je le lance à voix haute en voyant le stylo s'arrêter après avoir tracé de longs traits parallèles.

Déçue, je prononce dans un souffle :

— Il est parti ? J'avais encore tant de choses à lui dire, tant d'explications, tant de...

Notre intermédiaire est blanche comme la neige.

— Il est heureux. Vous lui avez permis de se dégager, de monter. Il va évoluer maintenant. Il reviendra vous parler...

Je suis abasourdie. Épuisée. Mais dorénavant, je

sais qu'elle n'a pas pu inventer le contenu des pages répandues autour d'elle.

Elle a écrit, en transe, exactement le contraire de ce qu'elle pensait avoir été notre vie, de ce qu'elle s'en était imaginé avant de commencer à prendre le message.

Cette fois, je suis sûre d'au moins une chose : je viens d'entrer en contact avec l'entité « vivante » de mon défunt mari.

De nombreuses explications qu'il m'a données m'étaient inconnues. Depuis sa mort, elles demeuraient des questions jamais résolues. Ses précisions de ce jour s'imbriquent parfaitement dans des faits réels qui trouvent pour la première fois une solution cohérente. Grâce aux détails qu'il vient de me livrer, je reconstitue peu à peu le puzzle.

Mais, avant tout, il faut que je me calme. Que je reprenne mes esprits. Une fois l'émotion maîtrisée, je fais le point. Cette expérience, ces expériences répétées par Isabelle et moi-même, je ne peux en rejeter la véracité d'un revers de main. Ce serait de la bêtise, la marque d'un esprit fermé et obtus.

Donc, si l'on peut entrer en contact avec l'âme d'un décédé, c'est qu'il vit toujours. S'il vit toujours, de l'autre côté ou au-delà des apparences humaines, quelle est alors « sa vie » ?

Qui lui permet d'exister encore et pourquoi ?

A-t-il existé auparavant ?

Reviendra-t-il par la suite ? Et sur quels plans ?

Au nom de quel gigantesque dessein ?

J'ai l'impression d'être une aveugle qui entrevoit une certaine lueur, ou plutôt qui ressent, grâce à ses autres sens exacerbés, la réalité d'une autre réalité...

Une curiosité vertigineuse me saisit, une obsession me taraude : comment sont-ils organisés ? Nous voient-ils tout le temps ?

Et Dieu ? Existe-t-il ? Quid des religions ?

Les questions se bousculent. Il faut que je sache, tout en restant « critique », au sens scientifique du terme, comme je dois l'être chaque jour pour mon métier.

Où est exactement Jérôme ?

Où est-il allé grâce à mon pardon ?

Va-t-il pouvoir nous aider sur cette Terre ?

Pourront-ils, lui ou mon père, lever un voile sur ce mystère ?...

5

L'ACCIDENT

La petite voiture grise pilotée par Franck, mon fils, roule à très vive allure sur cette autoroute où la pluie rend le sol glissant. Il est fatigué. Son travail l'oblige à se déplacer constamment entre ces deux villes éloignées de cent kilomètres. Il réfléchit à ses problèmes tout en suivant des yeux, distrait, le trajet de la voiture blanche qui le précède. Juste devant cette voiture, un énorme camion transporte des troncs d'arbres coupés.

Brusquement, rompant la somnolence qui s'installe chez les conducteurs roulant à grande vitesse sur l'autoroute : la catastrophe ! Un arbre vient de se détacher du camion, il rebondit sur le macadam brillant de pluie.

Franck a compris ! La voiture qui le précède va s'écraser sur le tronc qui déboule sur elle. Et lui, il va la heurter de plein fouet.

Son regard enregistre en trois flashes : sa vitesse

de 150 km/h, la voiture blanche qui effectue devant lui un tête-à-queue spectaculaire, le visage de la conductrice, déformé par la terreur.

Le temps se fige. C'est le choc. Violent. Puis l'horrible bruit de la tôle froissée. Un objet métallique défonce le pare-brise avant et s'arrête à quelques centimètres du visage de Franck. Tout s'arrête.

Franck, toujours ligoté à sa ceinture, est conscient. Sa voiture s'est encastrée dans celle de cette femme dont il n'aperçoit plus le visage.

Dans un état second, comme au ralenti, il se détache, sort, titube, se retient aux débris de la carrosserie, touche son visage. Ce geste laisse sur ses mains quelques traces de sang. Il court alors, étourdi, de l'autre côté du véhicule : la conductrice est là, accroupie sur le sol, égratignée mais sauve.

— C'est un miracle, monsieur, c'est un miracle si nous sommes vivants, bredouille-t-elle.

Les secours arrivent très vite. Les pompiers secouent la tête, incrédules devant le spectacle : le camion, l'arbre, les voitures, ces amas de ferraille qui ressemblent à des compressions de César.

— Vous pouvez vous vanter d'être vivants !

Mon fils acquiesce, hébété : on le transporte à l'hôpital. Rien ! Il n'a rien... Grâce à sa ceinture de sécurité, peut-être ? Ceinture qu'il ne met jamais... pourquoi l'a-t-il bouclée ce jour-là ?

⁂

J'étais à côté de lui et j'avais l'autorisation divine de le protéger, car Dieu m'a permis de jouer auprès de mes enfants, désormais, le rôle de Père que je n'ai pas su remplir sur Terre, lors de mon incarnation.

Le stylo court sur la feuille blanche. Le médium transcrit le message de Jérôme. Oui, nous pouvons œuvrer comme ils le disent, ensemble, les incarnés et les désincarnés pour notre évolution spirituelle et celle de ceux que nous aimons.

Travailler ensemble ? Évoluer ensemble ? Bien sûr, ils ont besoin de nous, de notre « véhicule terrestre » comme ils nous le diront plus tard, et nous, nous avons besoin de leur Lumière et de leur Amour. Mais où allons-nous ? Pourquoi ?

Quelle est la raison de nos différentes incarnations ?

Ne s'incarne-t-on que sur cette Terre, planète si dure ?

Pourquoi ce Dieu d'Amour permet-il notre souffrance ? Et dans quel but ?

La religion délivre-t-elle la vérité ? Et si oui, laquelle ?

Tant de questions se bousculent dans ma tête.

Toutes trouveront leur réponse, pièces d'un puzzle qui doucement se met en place. Mais l'enseignement concret que je recevrai va s'avérer dur. On ne me donnera rien « gratuitement », comme à un élève qui le reçoit passivement de son professeur. Dans ces conditions, ce serait livresque et donc superficiel.

C'est dans ma chair que, révoltée parfois, je vais le recevoir, l'expérimenter. Ces expériences, je vais les vivre comme des moments privilégiés où le cœur, l'âme et l'esprit s'ouvrent : cette ouverture permet la compréhension, que ce soit dans la souffrance, le rire, la joie ou les pleurs.

Les difficultés de la vie sont les professeurs de l'âme, me diront-ils.

Après nous aurons à témoigner et à redistribuer ce savoir. *Car le temps presse, la Terre est un véritable creuset de haine qui empêche les autres d'évoluer*, dira mon père.

Les autres ? Quels autres ? Pourquoi ? Comment ?

⁂

Même, si je sais désormais que les désincarnés vivent et progressent dans un monde à la fois parallèle et « crosscroisé » au nôtre, les contingences matérielles me clouent durement à la Terre. Je ne peux constamment m'échapper pour trouver, malgré ma soif, les réponses à toutes ces questions. Je travaille et suis prise par la dure compétition dans laquelle nous sommes tous plongés.

J'ai des enfants. Ils ont besoin de moi. J'ai un métier et suis prise dans l'engrenage.

Le quotidien est là qui nous englue, nous colle à la peau, nous empêche de nous envoler vers des aubes diaphanes. Le cœur et l'âme aimeraient pourtant retrouver la légèreté, la texture, l'espace et la grandeur du paradis perdu. Cet ailleurs désiré qui imprègne la mémoire humaine et nourrit ses pulsions.

Cette mémoire, est-ce une intuition, un souvenir, un besoin d'absolu ?

Certainement tout cela à la fois, la conscience diffuse de perdre son temps quand l'esprit ne s'occupe plus de l'essentiel, quand l'âme ne cherche plus à étancher sa soif, car noyée par les exigences matérielles.

Ces exigences ont pour moi le visage de mes enfants et la couleur des factures qui obstruent ma boîte aux lettres. Il y a aussi la distance ; le médium habitant à cinq cents kilomètres, je dois espacer mes séances. Quelle frustration ! J'ai tant de questions à poser. Tant de choses à comprendre.

⁂

Le temps passe. Je voyage beaucoup pour ma société. Je suis épuisée, tant par les divers problèmes à régler que par les décalages horaires. De là-haut, je dois certainement ressembler à un oiseau qui sautille sans cesse et ne se pose jamais.

Je m'adresse souvent à Jérôme et à mon père, leur promettant de venir rétablir notre contact dès que mon travail me le permettra. Quel tourbillon !

La fatigue et le stress me procurent des névralgies faciales, parfois insoutenables. Après une crise plus douloureuse encore que les autres, je décide de prendre quelques jours de repos. J'en profite pour filer à Bordeaux voir ma sœur et le médium.

Je lui demande s'il m'est possible d'entrer en

contact avec mon père et Jérôme en présence d'Isabelle.

⁂

Toutes les deux, nous attendons maintenant dans cette salle à manger si simple que le message vienne. Nous fixons en silence le stylo et la feuille blanche devant laquelle le médium se concentre.

Son visage, lentement se détend. Il est comme apaisé, irradié de l'intérieur. La paix l'envahit. Une paix faite de joie, de Lumière, de certitude.

C'est Jérôme qui se manifeste le premier. Le stylo glisse entre les doigts du médium, entraînant sa main, et trace de très larges volutes qui déforment les lettres en les élargissant.

Bonsoir mon petit, quel bonheur de te joindre. Tu viens de te rendre compte que c'était plus facile pour toi de me recevoir et de m'admettre.

Vois-tu, j'ai monté de plan, grâce à Dieu, grâce à tes prières et à notre amour. Alors, puisque je sais que tu te poses des questions sur notre monde, je peux t'expliquer mon propre périple à travers les sphères.

Quand mon cerveau a éclaté, je me suis trouvé

léger et rapide. Mais, je n'ai pas souffert. Je n'ai pas compris et j'ai filé vers toi, sans peine, comme je te l'ai dit, pour que tu me donnes une explication. Mais vous dormiez et je n'ai pu te réveiller[1].

Alors, très vite, j'ai été attiré par un grand vide noir où je filais très rapidement. Tu vois, c'est ton père avec tout son amour qui m'a accueilli ainsi que des êtres lumineux et bons que je ne connaissais pas. C'est ton père qui m'a aidé à regarder « mon panier » comme il disait... et j'ai vu !

J'ai vu et compris qu'il me faudrait revenir car j'avais mal donné. Alors, il m'a porté dans un lieu où je devais passer pour comprendre et comprendre, mais, il ne pouvait pas m'empêcher cette épreuve ! Cela a duré... duré... puis ton immense pardon, quand tu as compris, m'a aidé à sortir de ce marasme, et c'est dans la joie et l'allégresse que des bras lumineux sont alors venus m'extraire, me monter vers la Lumière et l'Amour.

Alors, j'ai vécu comme un élève dans une sphère plus chaude, plus lumineuse. On m'a enseigné et on m'a confié des petits travaux. J'étais heureux, tu priais pour moi, les enfants aussi.

---

1. Jérôme est mort d'une hémorragie cérébrale en pleine nuit alors que nous étions déjà séparés.

Puis à mon tour, j'ai aidé Gilbert[1] *et d'autres que tu ne connais pas, surtout ceux qui arrivent à cause de l'alcool. Ça, je pouvais si bien les comprendre, si tu savais !*

Ensemble, grâce aux prières de toute la famille terrestre, j'ai progressé, compris. J'ai fait des amis de Lumière qui m'ont encore aidé à monter de sphère.

Ici, tu sais, tout est ondes, tout est vibrations. Notre règne est parallèle à votre règne. Nous lançons vers vous tant d'appels sans retour.

Puis brusquement, sur le ton d'une banale conversation quotidienne, Jérôme change de sujet et me lance par l'intermédiaire du médium :

Ah ! Tu sais que madame Boullin est arrivée ici, il y a quinze jours de vos jours terrestres. A notre prochain contact, je te donnerai d'autres nouvelles.

Là ! Je ne peux m'empêcher de rire ! Il est comme lorsqu'il était sur Terre ! Maintenant, c'est la gazette du ciel.

Son langage est différent de celui que mon père emploie dans ses propres messages. D'ail-

1. Second mari de ma mère, décédé un an auparavant.

leurs pendant les deux premières années de nos « retrouvailles » son langage sera toujours celui qu'il avait sur Terre, quand il me racontait les péripéties de la vie de sa clientèle…

Le ton changera, deviendra beaucoup plus profond et spirituel au cours de sa montée de sphère en sphère.

A peine rentrée à la maison, car toujours avide de preuves bien concrètes, je téléphone au fils de madame Boullin. Elle était la fermière qui exploitait des terres appartenant à la famille de Jérôme et dont s'occupent à présent ses enfants.

Les premières minutes de surprise passées, son fils, qui ne m'a pas entendue depuis mon départ de la région, me raconte que sa mère est décédée et enterrée depuis une quinzaine de jours !

Cela ne m'étonne pas. En fait, je savais déjà où se trouvait sa mère, n'est-ce pas ?

Pendant environ deux années, mes contacts avec Jérôme auront ce ton de la conversation téléphonique, simple et spontanée. Il me taquine souvent en faisant des réflexions qui le caractérisaient sur Terre, ou des allusions à ce qui nous avait émus ou amusés.

Lors d'un contact, il m'annonce qu'il a rencontré un de ses anciens patients, Éric L. Ce dernier lui a encore raconté une de ces histoires qui ne font rire que lui, comme d'habitude !... C'était déjà ce qu'il me disait, auparavant, lorsque Éric L. sortait de son cabinet !

Donc de l'autre côté du miroir, de l'autre côté de notre vision matérielle, de notre plan, ils vivent aussi en communauté, ils se rencontrent, ils évoluent, ils travaillent pour progresser spirituellement ou faire évoluer les autres.

Ainsi, au moment de la mort, en fait au moment du « passage à leur vie », l'âme ne réalise pas tout de suite ce qui lui arrive. Si elle est très initiée à la vie de l'au-delà, elle comprend beaucoup plus vite qu'elle vient de quitter son véhicule terrestre ; elle s'accroche moins à sa dépouille, à son entourage matériel, pour immédiatement avancer, confiante, vers ceux qui l'attendent pour l'accueillir et l'initier.

Car, rares sont les âmes qui ont le privilège de *filer très vite dans le centre du cœur de Dieu*, comme ils me le diront beaucoup plus tard au sujet de l'âme d'un de mes oncles.

Pour l'instant, je commence à comprendre, en tout cas, que « le passage dans l'au-delà n'est pas une rupture mais une continuité, simplement un changement de plan », où l'on nous aide à regarder avec amour ce que nous remontons, dans notre panier, de notre apnée terrestre.

C'est nous qui comprenons alors nos manques, nos erreurs, nos réussites, notre avancée... Comme l'a dit mon père, lors de son premier message, *il n'y a pas de mort... il y a continuité de vie, mais une vie éclatante de Lumière, de bonheur et d'Amour.*

⁂

Parfois Jérôme s'énerve un peu car nous l'avons fait attendre, surtout si nous avons eu Papa en premier. En effet, après le premier message reçu nous discutons... et Jérôme attend, impatient. Quand la parole lui est enfin donnée, il nous le reproche.

> *Ah ! Cela fait un grand moment, que je suis là à faire passer mes vibrations. C'est long et je n'ai qu'une petite permission !... Dans ma sphère actuelle, j'ai du mal à me retenir car je voudrais toujours et toujours dialoguer avec toi, avec mes enfants. Mon repentir a été si grand, tu sais ! Mais, je grandis à ma mesure, je grandis quand même car mon âme n'a jamais été touchée, seulement l'esprit.*

L'esprit est humain, l'âme est divine.

Plus tard, mon père nous expliquera :

Les sphères sont des lieux vibratoires où l'âme passe par des purifications, des initiations successives qui la font vibrer pour obtenir l'unité au diapason divin.

Et lors de ce même contact, en présence de ma sœur, mon père nous explique la manière dont nous nous sommes séparés de Dieu, ce qui a induit notre destin, notre évolution :

Au début, les âmes étaient nichées recroquevillées dans le compact divin, l'Unité d'Amour. Puis, comme des écailles d'argent qui se détachent, des milliers, des milliards d'âmes se sont perdues pour un certain temps.

Puis leur soif de Dieu a été telle, qu'elles ont cherché la chaleur, sa chaleur, sa Lumière, comme un tournesol se tourne vers cette même source et, lentement, l'âme a commencé son retour vers Dieu à travers le système de la roue des réincarnations.

Tout d'abord elles[1] *ont été terrestres, mais des passages successifs peuvent se faire en unité vibratoire différente sur d'autres planètes, d'autres galaxies. Le lien importe peu, c'est l'unité vibratoire qui importe.*

Plus les âmes quittent le matériel, plus elles montent en vibrations. Elles se regroupent alors, par instinct grégaire, ou par ressemblance avec d'autres âmes au niveau vibratoire en harmonie.

Sur d'autres planètes, d'autres galaxies, dans l'Univers, ces entités vibrent sous d'autres échos, d'autres niveaux d'Amour. L'écho qui émane de la Terre a un niveau très bas... cris... égoïsme... souffrance.

L'âme qui a désiré passer par la Terre a en même temps été obligée de passer par des parures matérielles plus basses comme si son état vibratoire ne pouvait s'entendre qu'avec des formes plus rustres de l'humanité.

Le grand drame actuel est que vous ayez

1. Les réincarnations.

atteint un degré de développement corporel et matériel élevé et que vos âmes soient prisonnières par l'esprit d'une évolution qui les alourdisse et les fasse descendre dans la matière. Vous ne progressez pas, l'âme est étouffée par le lourd, le matériel, la possession.

Seule, une reprise de conscience de l'état nécessaire à la sublimation de l'âme peut encore vous sauver.

J'ai relu ce texte mille fois, car il est toute l'explication de notre présence sur cette Terre. Pourtant plusieurs choses m'échappent.

Pourquoi Dieu a-t-il permis cela ?

Pourquoi a-t-il permis cette fuite et cette implosion ?

L'explication m'est donnée dans un message de mon père :

> *Le ciment qui liait cette unité était l'Amour. Or il n'y a pas d'Amour sans liberté. Le départ de ces âmes rebelles a fait imploser l'unité, libérant ainsi les forces du Mal.*

Les âmes sont donc libres de choisir l'union « Homme-Dieu ». Celles qui sont parties de cette unité étaient libres d'aimer ou de faire imploser cette fusion.

C'est vers cette Unité retrouvée que tend le chemin de chaque âme, de réincarnation en réincarnation.

⁂

La différence de ton, les contenus d'enseignement si divers que nous obtenons par nos contacts nous permettent de comprendre qu'il existe aussi, dans le règne des désincarnés, des niveaux tout à fait différents de connaissance et d'évolution spirituelles.

Quand nous sommes convaincus d'une vie après la vie, nous avons tendance à croire, au début, que les désincarnés savent tout, qu'ils ont le même degré de connaissance, qu'ils sont au courant de notre avenir, qu'ils ont tout pouvoir sur nous et qu'ils évoluent tous sur le même plan.

C'est faux. La « montée des âmes » suppose des paliers où les vibrations sont plus « humaines » sur les plans inférieurs, et de plus en plus lumineuses, divines et immatérielles sur les plans supérieurs.

Enfin, l'âme qui décide de replonger en apnée terrestre conserve son libre arbitre, sa totale liberté d'accomplir ou non le chemin de vie qu'elle s'est choisi. Cette liberté, puisqu'il n'y a pas d'Amour sans liberté, et que tout est Amour dans l'au-delà, cette liberté donc est beaucoup plus douloureuse et merveilleuse aussi que la certitude d'être dirigé, « obligé », ou programmé en dehors de l'accord humain.

J'allais l'apprendre à mes dépens, juste quand, naïve, je croyais avoir tout compris ! C'est au moment où je m'installe dans un certain confort intellectuel, que tout bascule à nouveau dans ma vie, et dans la découverte que je poursuis de leur monde.

6

LE PRIX DE LA LIBERTÉ

Vite ! Je suis pressée ! Ce matin, particulièrement ! Et ce téléphone qui me vrille les oreilles avec insistance !

C'est Marc Daussier, un ingénieur avec lequel je travaille. Il appelle de Dublin :

— Florence, j'ai un sale coup ici ! Les deux BZ que je viens d'installer déconnent. J'ai une surchauffe anormale. J'en ai parlé à Blink du bureau d'études... Il m'a dit que tu étais la seule spécialiste... Il faut que tu viennes d'urgence.

— Ah ! non, Marc ! C'est impossible. Pas avant quarante-huit heures. J'ai un gros chantier ici. Je ne peux rien lâcher avant jeudi. Et ensuite, il faut que j'enchaîne aussitôt sur...

Je lui réponds le stylo entre les dents, mon agenda dans les mains, mon sac à l'épaule, prête à partir comme un bolide. Mais Marc a l'air tellement embêté que je craque. Bon ! OK pour jeudi.

Il y a un avion qui arrive à Dublin à seize heures… Il m'attendra à l'aéroport. OK, bye ! Oui ! Et surtout ne me remercie pas !

Vraiment cela tombe mal ! Non seulement j'ai un chantier qui me cause une quantité d'ennuis, mais, de surcroît, pour la première fois, ma sœur arrive mercredi avec le médium pour que nous passions ensemble la soirée.

Bon ! Comme d'habitude je m'arrangerai entre Ciel et Terre.

Les deux journées qui me séparent de mon voyage en Irlande passent à la vitesse de l'éclair.

Mes filles ont besoin de moi, expressément, car elles ne vont pas très bien. Toutes les deux ont de sérieux problèmes sentimentaux.

Au bureau, c'est aussi la surchauffe. Tout comme les moteurs BZ de Marc Daussier à Dublin, nous ne sommes pas loin de l'explosion ! Comment dans ces conditions oublier le concret, le matériel et la vie quotidienne, qui nous arriment fermement sur Terre ? Comment alors trouver le temps de s'isoler, de se calmer, de faire le grand silence intérieur pour qu'ils puissent enfin se faire entendre de nous ?

⁂

Pourtant, loin des rumeurs et des éclats, c'est ce que nous parvenons à faire ce mercredi soir, toutes les trois autour d'une table, chez moi. Isabelle, le médium et moi faisons le calme autour de nous. J'ai débranché le téléphone et seuls mes enfants ont le numéro de mon portable.

Nous prions paisiblement pour que le message vienne. La prière, ils nous l'ont appris, est nécessaire à notre protection. Sans prière, il y a danger de recevoir des âmes du bas astral encore retenues fortement par le grand matérialisme dans lequel elles ont vécu. Ces âmes ne veulent pas monter. Elles ne comprennent pas le lieu où elles se trouvent.

Elles désirent retourner de gré ou de force vers le niveau terrestre, et s'engouffreraient dans tout canal ouvert et non protégé. Cette possession est très douloureuse pour l'incarné. Dangereuse.

Aussi, prions-nous pour nous protéger, pour que ces âmes comprennent et se tournent vers la Lumière et non vers nos ténèbres humaines.

Le médium tient, droit, entre l'index et le majeur, ce stylo qui se met à bouger et à tracer d'abord, comme chaque fois, de longues lignes parallèles avant d'écrire en très grosses lettres :

Bonsoir, mes petites, je suis Eugène, votre père comblé. Vous avez raison de prier car, en effet, juste après la mort certaines âmes qui n'ont eu aucune préparation à ce passage souffrent, et, vivent un moment plus ou moins long où elles évoluent dans le bas astral.

Tout d'abord, les âmes ne comprennent pas. Puis vient le temps de la conscience : « Je suis perdue » se disent-elles, dans le sens de « que fais-je là ? » La sensation de froid et de solitude..., puis... doucement, la prise de conscience qu'il existe autre chose, ailleurs.

Alors, il faut qu'elles sachent, qu'on leur dise qu'elles aillent vers la Lumière et les chants. Elles entrevoient encore la Terre qui s'éloigne mais le Divin est encore loin. Pourtant, maintenant, ces âmes savent... Tout est à portée de leurs mains. Mais comment faire ?

Sans la prière de l'humanité, ou simplement d'autres êtres sur Terre, elles monteront très lentement ou pas du tout. C'est long... long. Le temps dépend donc de leur travail sur elles-mêmes.

La communication ne peut se faire qu'entre le haut et le bas, c'est-à-dire le Divin et vous, humains.

Priez donc pour ces âmes, pour qu'elles comprennent l'Amour de Dieu et acceptent de saisir la chaleur d'un de ses rayons et, là, elles seront sauvées.

Quand Jérôme est mort, tu n'as pu l'aider

immédiatement mais la puissance de ton pardon, la bonté de ton âme envers lui ont fait le reste... il a choisi de saisir la main de Dieu. C'est VOUS *qui choisissez. Toujours le libre arbitre mais baigné de l'Amour divin.*

Seuls l'Amour divin et la prière sont le levier qui pousse les âmes à saisir la main de Dieu. Elles le comprennent si vous priez. Alors, priez, envoyez-leur des poussées d'Amour, même si vous ne les connaissez pas sur Terre, car si vous saviez combien ces âmes sont abandonnées. Pourtant Dieu est là, au bord du gouffre, bouillonnant de Lumière, prêt à les saisir, mais elles se rétractent, fuient, ont peur, ne comprennent pas. Priez.

Leur compréhension dépend de leur degré de matérialité, de la dose d'amour qu'on leur envoie, puis de leur propre volonté à monter vers ce qu'elles aperçoivent.

Là encore, le libre arbitre : faire l'effort soi-même, alors... le temps : vous comprenez ? Le temps n'est pas le temps. C'est une notion purement humaine, faillible, matérielle, on ne peut comparer.

Isabelle demande :

— Ces âmes peuvent-elles communiquer entre elles ?

Non. Non, la solitude n'est pas totale, mais elles se font peur car elles ne comprennent pas. Elles se fuient au lieu de s'aider. Elles s'enferment.

Isabelle demande une nouvelle fois :

— Ce sont ces êtres qu'on appelle parfois « nauséabonds » ?

Rien de ce qui est humain n'est nauséabond aux yeux de Dieu. Non, c'est un passage après la mort où bien souvent les êtres ne comprennent pas leur raison d'être là. Ils ne feront le lien entre leur vie terrestre et leur passage gris que lorsqu'ils auront atteint la Lumière, si infime soit-elle.

Ce sera alors encore un moment très dur, car là, ils comprendront et feraient tout pour recommencer très vite et ne plus se tromper. Mais, à ce moment, ils ont beaucoup à travailler ici pour espérer redescendre un peu plus armés, comprends-tu ?

Je questionne à mon tour :

— Est ce qu'on capitalise de vie en vie pour obtenir des incarnations plus douces ?

Question complexe : lorsqu'on a beaucoup accumulé d'Amour, on revient moins. Ce qui est capitalisé aide à monter les marches vers Dieu, celles de la Lumière. Certains peuvent avoir envie de descentes terrestres plus douces, moins brutales, où ils se fixent un programme plus souple, plus serein.

Oui, on peut redescendre dans l'Amour, et c'est toujours ce qui nous fait peur quand on voit partir une âme pas assez préparée. Comprends-tu ?

Il faut donc que l'âme accumule l'Amour bien avant de redescendre sinon elle risque de se perdre : d'où les enfants mort-nés ou les enfants morts en bas âge, qui comprennent leur erreur et reviennent vers nous.

Parfois, ils acceptent cela pour aider un de leurs proches qui leur en a fait la demande autrefois.

Tout est dans tout, et vous ne voyez le tout que par tranches.

Retiens bien tout cela. Dis-le. Dis-le à d'autres. Ce n'est pas une acceptation béate et stupide des événements, mais une compréhension plus globale du pourquoi ? et du comment ?

Le libre arbitre aidé par la prière rend les actes positifs, on n'avance pas seul, mais Dieu n'est pas là non plus pour souffler sur une âme qui dort.

Dites-le. Battez-vous, mes filles Vous l'avez choisi et voulu.

Nous avons aussi un message précis pour toi, Florence. Où cours-tu ? Peux-tu un instant accepter de t'ouvrir à l'amour humain ? Sais-tu que deux âmes qui prient et s'aiment irradient d'une plus grande Lumière ? Il le faut.

Tu vas rencontrer une âme de bonté. Ouvre-toi. Seul l'amour est productif d'évolution divine. Nous te l'envoyons. Ne te ferme pas.

A bientôt... Merci... Dieu vous garde !

Quand le stylo s'arrête et que le médium se frotte les yeux, bouffis et épuisés, je suis la première étonnée.

Une rencontre ? Je n'en ai pas une envie particulière. Tout ce que j'ai vécu a tué en moi ces sentiments qui paraissent encore naturels à mon âge. Et puis, il n'y a plus aucune place dans ma vie pour ce genre d'investissement. Mes enfants ont besoin de moi et... non ! Hors de question !

⁂

Dans l'avion qui m'emporte à Dublin, je laisse un moment mes pensées divaguer en regardant tous ces gens assis à côté de moi. Savent-ils ? Tous ceux qui ne courent qu'après la réussite matérielle, réalisent-ils que lors du grand passage, ils ne comprendront pas ? Ils ne comprendront rien.

Leur âme se perdra dans ce lieu « de grise solitude ».

Combien le savent ? Combien perdent leur temps ici-bas à courir après de futiles « importances » ? Combien ont oublié le sens du spirituel ? Comme dit le philosophe, « les gens se soucient de leur avenir, rarement de leur éternité ».

L'atterrissage m'arrache à ces pensées.

Marc Daussier m'attend. Il a vraiment la tête d'un gros labrador. Je suis surprise de ressentir pour lui un réel élan d'amitié ! Il a l'air complètement perdu. Sans m'aider à porter le sac qui m'écrase l'épaule, il me prend l'autre bras et enchaîne :

— Ah ! Dis donc ! J'suis vraiment content de te voir. Tu peux pas imaginer le souk ! Les deux moteurs BZ surchauffent, on a dû mettre toute l'usine en chômage technique. Graham Cork ne décolère pas.

— Qui est Graham Cork ?

— Le patron ! Furax ! Tu vas voir. Il ne veut pas payer le solde de l'installation.. Pendant ce temps, Dumont gueule à Paris. Ah ! J'en ai vraiment marre !

Il continue, complètement affolé. Je le calme comme je peux. Il jette mon sac dans le fond de sa voiture et fonce directement à l'usine. Je me sens un peu étourdie par le voyage et par ce flot ininterrompu de paroles dont Marc m'abreuve.

Les locaux de la *Cork Company* sont superbes. Mais il y règne une atmosphère « retour d'enterrement » des moins joyeuses. Je commence à me sentir écrasée par cette tension qui pèse tellement à Marc. Il n'y a pas que les deux BZ qui vont exploser !

On ne me laisse même pas le temps de poser mes affaires que déjà je suis plantée devant ces satanés moteurs qui vrombissent comme s'ils allaient s'arracher du sol.

— Il faut les couper d'urgence !

L'ordre que j'ai lancé en anglais est tombé comme un couperet, surprenant les mécaniciens qui suspendent leurs gestes.

Derrière moi, je sens une présence qui fait lever les yeux de chacun, tandis qu'une voix au fort accent irlandais me renvoie, en français, dans mes buts.

— Ici ! madame, c'est moi qui donne les ordres !

Graham Cork est grand, grisonnant, empli de ce charme britannique qui m'a toujours fait craquer. Nos yeux se croisent, troublés. Il y a dans les siens une blessure qui contraste avec sa stature et le ton de sa voix !

J'essaie de cacher mon trouble et lui réponds sur le même ton.

— C'est moi la spécialiste, non ? Arrêtez tout. Tout sera réparé en quarante-huit heures.

— OK !

Il a lancé ce OK en plantant ses yeux bien droits dans les miens. Et c'est moi la première qui détourne le regard. Je suis furieuse ! Il a vu mon trouble...

Le lendemain, je ne l'aperçois pas de toute la journée. Les mains plongées dans les moteurs, avec Marc et les techniciens irlandais, il est vrai que je ne vois pas non plus le jour. Marc peste toutes les trente secondes :

— Saloperie de moteurs !

En fin de journée, je décide de faire un premier essai. Je m'essuie distraitement les mains qui sont pleines d'huile et de graisse.

Un premier essai ! Un second essai ! Et mes deux BZ se mettent à ronronner comme il faut...

— Waooh ! hurlent les techniciens, ravis.

Marc crie de joie plus fort que tout le monde.

Je suis épuisée et heureuse. En me retournant pour quitter la salle, je bute contre la stature de Graham Cork qui entre à ce moment. Il pose ses deux mains sur mes épaules et me dit en me regardant droit dans les yeux :

— Merci ! Pardon d'avoir douté de vous.

J'éclate d'un rire nerveux et ridicule. Il pose alors sa main sur mon visage. Je sens ses doigts qui effleurent ma joue.

— Vous avez laissé des traces de votre travail jusque-là !

Il éclate de rire. Je suis troublée comme une gamine... et furieuse après moi.

— Je voudrais vous remercier. Acceptez-vous de dîner avec moi ce soir ?

J'ai l'impression d'avoir quinze ans et d'être, rougissante, face à mon premier flirt... Impossible, en revanche, de me souvenir de la réponse que j'ai bien pu bredouiller.

7

GRAHAM

Impossible d'oublier ce dîner. Vous avons tous les deux l'impression de déjà nous connaître ou, plutôt, de nous reconnaître. Comme si nous nous retrouvions après un très long voyage ou de nombreuses années de séparation.

Ce dîner est un véritable enchantement. Nous sommes ravis et surpris de nos ressemblances, de nos confidences, de la facilité avec laquelle nous sommes immédiatement en phase.

Comment peut-on se sentir si proches, si complices dans le rire et l'émotion ? Certaines des confidences que je fais à Graham, personne d'autre que ma sœur ne les a jamais entendues. Et c'était il y a si longtemps...

Nous n'arrivons pas à nous quitter après ce dîner, comme si nous avions chacun retrouvé l'autre moitié de nous-mêmes. Ni l'un ni l'autre pourtant n'avons envie de briser le charme en passant ensemble cette première nuit.

Ce serait comme faire éclater une bulle de savon trop fragile. Ces retrouvailles nous suffisent car nous savons que nous avons le temps. Le temps d'avancer. Le temps pour l'amour. De mon côté, cela fait si longtemps, et j'ai si peur, que je suis contente de me retrouver seule dans ma chambre d'hôtel. Là, je me regarde dans la glace, incrédule :

— Qu'est ce qu'il t'arrive ?

⁂

Les mois suivants sont pour moi une renaissance. Je ne savais pas que de l'arbre mort pouvait rejaillir la vie, que la cendre pouvait engendrer le feu... Après si longtemps.

Dans un message reçu par le médium, mon père affirme que Graham n'entre pas dans ma vie, mais qu'il y *« revient ». « Vous êtes liés par un lien karmique, une dynamique de vie que vous suivez depuis des siècles. »*

Je ressemble alors au renard du *Petit Prince*. Graham cherche à m'apprivoiser. Mais j'ai si peur de souffrir, et je m'étais tellement enfermée dans ma solitude que je refuse de croire entièrement à cette chance. Qu'est-ce que ce bonheur va encore me réserver de douloureux ?

Tout d'abord nous passons des week-ends ensemble. Clairières lumineuses où je ne m'attarde pas. Comme le renard du *Petit Prince*, je m'habitue à lui, et bientôt je ne pourrai plus voir un ciel bleu sans penser à la couleur de ses yeux...

Pendant trois mois, je ne pose pas une seule question à Graham sur sa vie privée. Je sais simplement qu'il est divorcé depuis deux ans. Lui non plus ne pose pas de questions. Il connaît le strict nécessaire. Il n'y a pas d'homme à la maison, mais trois enfants.

Avec Graham je conjugue tout au présent ; par prudence, pour instinctivement garder intacts ces moments uniques que nous passons. Pas d'inutiles retours sur le passé, encore moins de plans pour l'avenir. Nous vivons notre bonheur au jour le jour.

La ligne Paris-Dublin n'a bientôt plus de secret pour nous.

Puis, un jour, parce qu'il en faut un, le silence confortable dans lequel nous évoluons comme deux fœtus protégés vole en éclats.

J'arrive avant lui dans cette jolie demeure qu'il habite à l'est de Dublin, dans une campagne verdoyante, hors du temps. Je pénètre dans le salon par les baies ouvertes sur le jardin. J'espère y voir Maureen. J'entre et j'appelle la bonne :

— Maureen..., c'est moi...

Silence total dans la maison.

La sonnerie du téléphone déchire ce silence. Trois sonneries stridentes avant que le répondeur ne se mette en marche. C'est une voix de femme qui parle l'anglais avec l'accent américain.

— Allô, chéri ? Graham ? Bon, tu n'es pas là... Je te confirme simplement que je serai à l'aéroport mardi comme d'habitude. Ne prends qu'une petite valise... Il fait très beau à Los Angeles et tu as laissé toutes tes affaires de toilette la dernière fois dans ma salle de bains...

Clic.

J'ai la tête prise dans un étau. J'ai l'impression d'être ailleurs. Sortie de mon cœur. Sortie de mon corps. Je flotte avec la sensation d'un vide immense en moi, autour de moi... d'une grande douleur.

Combien de temps suis-je restée là, prostrée sur cette chaise, incapable du moindre mouvement ? Le salon est plongé dans l'obscurité quand Graham y pénètre.

— Florence que se passe-t-il ?

Je ne réponds rien. Je me lève et appuie sur la touche *play* du répondeur : « Allô, chéri ? Graham ?... Bon, tu n'es pas là... »

Pendant tout le temps que dure le message, il ne bouge pas… Puis il s'approche de moi et me prend les mains. Je lève les yeux vers lui :

— Graham ? Nous n'avons rien à construire ensemble, n'est-ce pas ?

Ses yeux devenus gris se voilent. Son regard se confond avec la mer d'Irlande qui roule dans les gris. Ses lèvres ébauchent un sourire triste, comme s'il savait déjà que ce qu'il va dire bouleversera nos chemins. Il ne me regarde pas, plonge les yeux à travers la fenêtre du salon, s'éloigne de moi.

Son silence, son hésitation me font mal. Il cale ses poings dans les poches de son pantalon tandis que les miens se couvrent de sueur. J'ai peur. Je regrette, j'aurais dû me taire… Laisser couler la vie.

Il est trop tard maintenant. C'est à regret pourtant que Graham va droit au but :

— Tu sais, Florence, il y a cinq ans ma femme est partie avec mon meilleur ami… Ne ris pas, c'est tellement classique ! Mais cette double trahison m'a achevé… A tué en moi ce qui…

Il s'interrompt. Je n'ai évidemment aucune envie de rire, j'ai les larmes aux yeux. Il avance encore plus près de la fenêtre jusqu'à ce que son front se colle presque à la vitre où s'écrase maintenant une pluie violente. Le couperet tombe ·

— Je ne crois plus qu'au présent, je ne veux

plus parler de fidélité ou de liens à jamais… Non, tu n'es pas seule dans ma vie. Pardon, Florence, tu n'es qu'un moment de ma vie. La pluralité de mes relations me donne l'impression de garder ma liberté… Je ne peux plus construire… Jamais.

⁂

Je ne sais plus comment je suis rentrée à Paris ce jour-là. Tout s'est effacé de ma mémoire. Le choc. Pour la première fois depuis la mort de mon père, j'ai l'impression que l'on m'arrache une autre partie de moi-même. C'est douloureux. Très violent.

Pendant tant d'années, j'avais vécu sentimentalement comme un ermite. Avec Graham, mes sentiments se sont réveillés et se sont déchaînés avec une violence insoupçonnable.

A quarante ans, je me suis prise à rêver ! Incorrigible ! A ma peine vient également s'ajouter l'incompréhension. Que penser des messages reçus ?

Tu rencontreras une âme de bonté et d'Amour. Ne te ferme pas.

Ah ! Merci du cadeau ! Je suis révoltée. Mais pourquoi m'avoir menée ou guidée vers lui ? Pourquoi, puisqu'ils savaient qu'il refuserait de construire, de créer un lien avec qui que ce soit ! Pourquoi me faire endurer une expérience aussi douloureuse ?

Pendant des semaines, je vis comme une recluse. J'ai mal. Je doute. Je ne comprends plus. Quel tour m'ont-ils joué ? Peuvent-ils se tromper ? A certains niveaux d'évolution, sont-ils aussi faillibles que nous ?

Je n'ai même plus le courage d'aller voir le médium.

Ma douleur s'estompera avec le temps, comme le reste.

A corps perdu, à cœur perdu, je me relance dans mon travail, c'est la thérapie la plus sûre que j'aie jamais connue. Le corps harassé empêche le cœur de penser. Je me love auprès de mes enfants. Je me réfugie au creux de notre amour commun.

Pourtant, au fond de moi, mêlée au chagrin d'avoir perdu Graham, la tristesse profonde de ne pas comprendre pourquoi ils me l'ont envoyé. Leurs phrases me taraudent l'esprit.

Nous te l'envoyons...

Il aurait fallu accepter un amour partagé, un amour « pluriel » ? J'en suis totalement incapable. C'est trop douloureux, je le sais.

Peut-être aurait-il fallu que je vive auprès de lui pour lui rendre confiance et que, doucement, jour après jour, je me l'attache à tout jamais en faisant le vide autour de lui ? Je ne m'en sentais pas la force. C'est une telle lutte de déraciner les habitudes, de chasser le doute... C'est trop d'investissement, trop d'énergie à retrouver. Je suis fatiguée de vivre des expériences ratées.

Je décide encore une fois de me murer et de ne plus les recontacter. Le chemin, je l'entrevois, est plus chaotique que je ne l'avais imaginé. Je me terre de nouveau dans le silence.

Mais ils ne m'y laissent pas. Me faut-il une explication ? Eh bien ! je vais l'avoir...

⁂

Quelques semaines plus tard, ma sœur m'appelle et me demande de les héberger, elle et Élise, car cette dernière doit rencontrer des consultants à Paris. Je suis piégée. Pas question de dire non à Isabelle.

Nous voilà donc toutes les trois dans ce salon où, ensemble, nous avions déjà été contactées.

Je ressemble à un zombie. Le médium ferme les yeux et se met à prier. Ses traits se détendent. Le stylo, encore une fois posé perpendiculairement à la feuille, se met à tracer de longues lignes parallèles..., puis les mots se forment, larges, déliés, sans que la moindre question n'ait été émise. Le médium ignore tout de mon histoire. A elle et à Isabelle, je n'ai rien raconté.

Bonsoir mes enfants, je suis Eugène comblé d'être parmi vous. Oui, tu t'es fermée, mon petit. Mais, comprends, nous ne pouvons nous substituer à vous. Les vibrations d'âme à âme quand il existe un lien karmique entre elles sont à perte de vue, d'incarnation en incarnation. C'est ce que nous avons vu dans ta rencontre.

Parfois dans une incarnation précise, pour une raison spécifique à cette vie-là, les véhicules font se contacter les âmes. Elles se reconnaissent mais se quittent ne pouvant fusionner. Pourtant le lien karmique existe pour l'éternité.

Nous, êtres désincarnés, en tant qu'entités nous avons compris, nous envoyons nos vibrations à l'un et à l'autre, mais, encore une fois, ce sont des forces de pensées, d'Amour et de Lumière.

Cependant, en face de cela, vous restez masse dans un véhicule (votre corps terrestre). Et, si votre esprit empêche la remontée de l'âme, alors, il n'y a pas d'ouverture, il n'y a pas de fusion. Vos véhicules s'éloigneront pour un temps encore...

Aussi, vous êtes libres. C'est vous qui choisissez tandis que Dieu veille avec amour. Souviens-toi. Il n'y a pas d'Amour sans liberté.

Dans une épreuve, tu te crois devenir cendre, pourtant, mon petit, tu es la torche, le cristal, la pierre. Plus tard tu accepteras au fond de ton âme.

Froidement, j'interromps.

— Pourquoi, dans ce cas, ne se souvient-on pas de ses vies antérieures ? On se souviendrait alors de ceux qu'on a aimés. On se reconnaîtrait.

Le crayon court en volutes très larges.

... pense, mon enfant, au poids d'une seule de vos vies, à votre lassitude, à l'âge de la vieillesse. Dieu vous aime trop, Il vous a libérés du poids de votre éternité. Chacune de vos vies est une virgule de cette éternité !

Ainsi, je venais dans ma chair et ma souffrance de découvrir le libre arbitre. Eux voient notre âme et son chemin karmique, ainsi que celle de l'autre. Ils « visualisent », si l'on peut dire, la dynamique parallèle du karma de deux âmes.

Nous, nous vivons cette âme dans le carcan du

véhicule terrestre que nous avons choisi. Véhicule alourdi par la matérialité et la coloration de cette incarnation.

Ainsi deux véhicules porteurs peuvent très bien ne pas se reconnaître, ou alors refuser de fusionner *« pour des raisons spécifiques à cette incarnation ».*

Tel fut le cas avec Graham. Face à la découverte de sa manière de vivre, qui ne pouvait en aucun cas me convenir, j'ai préféré m'éclipser plutôt que de tenter de guérir cette âme de sa déception d'amour.

A cause de la lassitude de la mienne, l'effort qu'aurait représenté la construction d'un nouveau couple m'apparaissait insurmontable. Pourtant, nos âmes s'étaient immédiatement reconnues. Dès le premier jour, nous avions eu l'impression de nous « retrouver ».

Ainsi les empreintes de nos vies antérieures demeurent profondément enfouies en nous, malgré l'oubli superficiel. Cela explique alors les coups de foudre, la reconnaissance immédiate de deux êtres, les angoisses devant certaines situations qui soulèvent au tréfonds de soi-même l'écho des circonstances heureuses ou malheureuses vécues dans une autre vie.

Ce serait aussi l'explication des dons extraordinaires que possèdent de très jeunes enfants...

Souvenirs, connaissances acquises lors de vies antérieures, qu'ils essaient parfois d'expliquer aux adultes incrédules.

Toutes ces empreintes marqueraient notre âme en deçà du souvenir qu'elle a pu en conserver ; notre âme qui, au cours de sa trajectoire karmique, remonte vers Dieu, comme un saumon remonte à sa source, à contre-courant du matérialisme qui l'entraîne vers le bas.

L'âme chercherait donc à retrouver l'Unité d'Amour dans *« le centre du cœur de Dieu »*, le centre de la vibration divine, poussée par la nostalgie du bonheur d'alors, de ce paradis perdu qu'elle a quitté dans un mouvement d'orgueil, créant, au centre de la parfaite UNITÉ HOMME-DIEU, une implosion libératrice des forces du Mal.

L'âme a soif d'amour, d'où son éternelle insatisfaction que les plaisirs matériels ne peuvent combler. Il faut pour l'absolu auquel elle aspire, remonter en se purifiant, en s'initiant, en se fondant dans les vibrations d'Amour, qui comme une merveilleuse musique l'unissaient en un même diapason aux milliards d'autres âmes dans le cœur de Dieu. Dans l'UNITÉ. Dans l'UN. Dans l'ABSOLU.

En fait, mon aventure avec Graham m'aura servi à comprendre tout cela, à découvrir la réalité de notre liberté, de notre libre arbitre. Cela me donne le vertige. C'est tellement plus confortable de penser qu'il suffit de se dire : « Je suis protégée. »

Oui, en fait, je le suis, mais c'est moi qui agis. Moi qui choisis.

C'est moi qui ai choisi !

J'allais apprendre maintenant jusqu'où j'avais choisi.

8

LA MACHINE INFERNALE

Le temps apaise, l'oubli vient peu à peu. Les mois passent. Dévorée par mon travail et mes enfants, je ne peux aller voir le médium.

Au sein de la société dans laquelle je travaille, les difficultés financières et structurelles s'amoncellent. J'ai la tête tellement prise dans le quotidien que je n'ai pas la volonté de poursuivre mes relations avec « eux ».

Marc Daussier et moi travaillons en étroite collaboration, en « étroit stress ». Je souffre toujours de violentes névralgies faciales. Trop de soucis s'amoncellent, tant sur le plan professionnel que familial. Et pourtant je ne peux m'arrêter de travailler, prisonnière de la machine infernale qui me broie.

Des problèmes surgissent sur nombre de nos installations à l'étranger. J'ai désormais dans ma chambre deux valises toujours prêtes : la petite pour les courts séjours, la grande pour les plus longs déplacements. Presque toujours sous l'influence d'un décalage horaire, je me réveille dans des hôtels si semblables qu'il me faut un certain temps pour reprendre conscience et faire le point : lieu ? pays ? affaire ?

Pourquoi ces sacrées installations se mettent-elles toutes en panne en même temps, obligeant les deux spécialistes que nous sommes à courir le monde. Marc est en effet souvent du voyage, nous travaillons en équipe.

Les enfants en ont assez de ne plus me voir ou de me retrouver épuisée. Ils me manquent tellement. Je leur manque aussi !

Quand nous rentrons au siège de la société, l'ambiance est loin d'être au beau fixe. Nous sentons bien que le plancher se dérobe sous nos pieds. Par cent indices révélateurs nous entendons le bateau craquer, qui gémit et se plaint.

⁂

Ce soir, je rentre à la maison particulièrement épuisée par une réunion technique au cours de laquelle j'ai perdu mes dernières forces.

Je m'écroule dans un fauteuil en allongeant distraitement le bras vers le répondeur. J'ai l'impression de flotter dans un *no man's land* dans lequel je ne sens plus mon corps.

Mon esprit navigue tout seul, incapable de se fixer sur aucune pensée cohérente. J'ai la mâchoire douloureuse à force d'avoir parlé. Les bruits extérieurs me parviennent comme atténués par un rideau de mousse. C'est confortable et dérangeant à la fois.

Mon doigt appuie machinalement sur la touche du répondeur. Dans un demi-sommeil, je sursaute : c'est la voix du médium qui martèle dans l'appareil cette phrase surprenante :

— Allô… allô…, Florence ? Sans le demander, j'ai reçu cet après-midi un message de votre mari. Je ne comprends pas ce que cela veut dire. Alors, je vous le lis, tel quel :

Je suis Jérôme, madame, je vous demande, j'en ai la permission divine, de contacter Florence. Dites-lui que quels que soient les événements qui vont arriver, elle ne perde ni son courage ni sa foi en Dieu. Car ces événements font partie du plan que Dieu a pour elle et qu'elle a accepté volontairement avant de revenir sur votre Terre.

Dites-lui très vite. Merci, soyez bénie.

La voix s'est arrêtée. Pas le moindre commentaire.

Le bruit d'une clé qui tourne dans la porte... Des cris joyeux... La voix de mes filles...

— Maman, t'es déjà rentrée ?

⁂

Le bureau du président Dervauger est impressionnant. La demi-lumière du crépuscule qui baigne la pièce rend la scène théâtrale. Lui, est tassé derrière son immense table. Il donne le sentiment de porter tous les soucis de la Terre sur ses épaules.

Est-ce une impression ? Son regard me fuit. Un frisson parcourt mes épaules. Dervauger semble devoir fournir un énorme effort pour ouvrir la bouche.

Comme si la scène était tournée au ralenti. Est-ce moi qui vis dans ce temps lourd et paralysé ? Est-ce lui qui hésite ? Pourtant quand il se décide, il n'y va pas par quatre chemins.

— Florence, vous n'êtes pas sans savoir les difficultés que connaît la société en ce moment.

Son ton est lourd, empesé. L'index de sa main gauche frappe un presse-papiers en cadence. Mon regard est attiré par cette main vieillie. Son alliance est à jamais incrustée dans ses chairs. Je me tiens raide devant lui, tétanisée par ce que je sens venir. Il continue d'une voix sans timbre.

— En fait, nous sommes acculés au dépôt de bilan qui sera entériné au cours de l'assemblée générale extraordinaire, demain à onze heures... Je suis désolé pour vous aussi car...

Le reste de son monologue se perd dans le brouhaha qui vient de naître dans ma tête. C'est la sensation que procure un anesthésie avant qu'elle n'ait produit tout son effet... Un bruit sourd, lancinant, qui vrille le cerveau... L'impression de s'endormir mais de tout entendre dans un maelström cotonneux... Je crois saisir des paroles entrecoupées de silence.

Elles sont portées par la voix de Dervauger :

— ... indemnité.... licenciement... désolé... professionnalisme... retrouver un poste.

Son visage paraît grossir... se rapprocher... rapetisser... comme à travers l'objectif d'un zoom... zoom avant... zoom arrière... zoom avant... Je vais tomber...

L'air froid me remet d'aplomb..., je suis dans la rue. Je n'ai pas rêvé. Je suis virée. On est tous virés. C'est la société qui disparaît. Comment vais-je faire avec les enfants ? Pour subvenir aux besoins des deux plus jeunes ?

Et ce travail qui était ma drogue, mon tuteur, mon équilibre. Mon oubli de tout. Je me suis totalement investie pour cette société qui, en échange me procurait la paix, la sécurité... l'oubli. Comment vais-je faire ?

Ma dernière fille continue encore ses études ! Je suis assommée. L'horizon est bouché. Le tunnel dans lequel je viens de m'engager me paraît sans issue.

Pendant quinze jours encore je n'arrive pas à quitter mon bureau. Je range mes dossiers, je classe ma vie, je trie mes souvenirs, je jette à la poubelle des petits riens pleins d'importance. J'exorcise ma peur, je joue à faire semblant. « On dirait qu'on jouerait et ça serait pas vrai », comme disait ma dernière quand elle était enfant.

Les scellés ont été mis et je me retrouve à la maison, toute la journée. Les enfants m'aident. ils sont omniprésents. Mon fils et sa femme m'appellent sans cesse, mes enfants se comportent avec moi comme avec une personne gravement accidentée. Quel amour entre nous !

Isabelle et ma mère m'apportent toute leur chaleur. Chloé et son ami, que nous aimons beaucoup, m'entourent de leur affection, et Anne, ma fille cadette, ne sait que faire pour me montrer son attachement. Même, Agathe, ma seconde sœur qui fait sa vie loin de moi, m'appelle pour m'assurer de son soutien.

J'ai mal à l'âme, car j'ai l'impression d'une injustice. On a bousculé mes habitudes, détruit mon terrier. J'ai peur. En quelques jours j'ai l'impression d'être totalement déconnectée du système. Les paroles du dernier message de Jérôme me taraudent la tête :

Dites-lui que quels que soient les événements qui vont arriver, elle ne perde ni son courage ni sa foi en Dieu. Car ces événements font partie du plan que Dieu a pour elle et qu'elle a accepté volontairement avant de revenir sur votre Terre.

Ces mots font leur chemin, s'insinuent tellement profondément en moi que je me pose brusquement la question avec angoisse :

— Mais qu'est-ce que j'ai encore bien pu accepter ?

Car je le sais maintenant, on revient pour de nouvelles apnées terrestres avec chaque fois une mission à accomplir que l'on a acceptée ou, plutôt, décidée. Chaque écueil, chaque caillou de la route, s'ils sont transformés par amour, font avancer, permettent à l'âme de monter en vibrations, en qualité.

Et pas seulement l'épreuve ; un véritable amour

partagé, un véritable rire partagé, tout nous mène à réintégrer doucement les approches de la vibration divine. Seuls l'amour, le partage et le don doivent régir nos actions.

Le saumon remonte le fleuve, l'âme remonte à sa source le long de ce chemin qu'elle a préparé avant de redescendre.

Pourtant ma vie vient de basculer une nouvelle fois, complètement. J'ai perdu mon travail et tout ce que je possédais de parts dans cette société. Il ne me reste plus rien. Rien.

Tourbillon. Flottement. Où va ma vie ? Où allons-nous, mes enfants et moi ?

Je lâche mes repères humains, mais j'accepte.

En réfléchissant sur les derniers mois de ma vie, je me rends compte que j'étais en train de noyer ma santé, ma pensée, ma vie privée sous un fatras d'obligations qui me paraissaient inéluctables. Incontournables. Et pourtant combien futiles.

Ils ont arrêté ma course folle, j'en suis sûre. Une course stérile pour mon avancement spirituel. Je pense qu'ils veulent que je retrouve la paix, le calme, le silence pour accomplir tout autre chose.

Cette vérité, je ne la comprends pas tout de suite, mais elle s'impose à moi lentement, doucement, comme l'aube qui point fait germer la lumière, la fait s'épanouir en rayons timides avant de l'imposer au zénith éclatant.

Ainsi, au fond de moi, pour la première fois je sens descendre la Paix malgré ma peur de l'inconnu. Oui, j'accepte activement, j'accepte. J'ai confiance même si je ne comprends pas la raison de cette catastrophe matérielle qui m'arrive.

Je ne veux pas dans cette situation d'échec subir, être passive. Je veux redevenir le sujet et non pas être l'objet de ma vie.

Cette paix profonde s'appelle « le lâcher-prise ». Je l'apprendrai plus tard dans un message de mon père et, beaucoup plus tard encore, je le lirai dans des ouvrages écrits par de grands initiés.

C'est une étape pour mettre un frein à ma course imbécile. Je suis un cheval retenu en plein effort par des mains bienveillantes qui ont senti et vu le précipice avant moi. Je me souviens de ce médecin consulté pour mes névralgies faciales qui m'avait prévenue :

— Vous savez, madame, l'infarctus n'est pas que l'apanage des hommes. Vous y courez tout droit.

Lorsque de l'autre côté je préparais cette apnée terrestre, ce temps de vie actuel, qu'ai-je donc décidé dont je me détournais ?

Dans la dynamique de mes réincarnations, quel chemin suis-je en train de parcourir ? Qu'a choisi mon libre arbitre avant de redescendre ? Quel travail me suis-je programmée pour pousser mon âme dans sa remontée initiatique vers le centre du cœur de Dieu ? Vers le centre de l'Amour absolu. Vers l'UN ?

Je n'allais par tarder à le découvrir au-delà même de ce que je n'aurais jamais soupçonné.

9

L'EXPÉRIENCE IMPOSSIBLE

Le plus dérangeant au fond, c'est la perte des habitudes. Se lever, partir pour le bureau, les rendez-vous extérieurs, les réunions, les voyages, les déjeuners d'affaires... J'ai les bras ballants. C'est ça : les bras ballants ! Dans la maison, je tourne comme une girouette. J'ai si peu l'habitude de m'occuper de mon intérieur.

Pourtant, je suis loin d'être abattue, je me demande simplement où je vais. Où veulent-ils me mener ?

Isabelle, qui a rencontré le médium en juin 1994, me fait part d'un message dans lequel figure une indication pour moi.

> *Dis à ma fille que si cela est dur matériellement pour elle, tout lui sera redonné et bien plus encore. Mais nous avons besoin de son temps, de sa disponibilité pour témoigner. Elle a choisi.*

*Maintenant, au fond d'elle-même, elle a parfaitement compris, qu'elle se laisse guider, qu'elle fasse le calme en sa tête pour que Dieu puisse descendre, pour qu'elle soit l'un de nos relais d'*AMOUR.

Pas de crainte, encore une fois tout lui sera redonné et bien plus, les autres viendront boire l'eau de la source divine à sa carafe d'émeraude.

D'où vient cette paix et cette joie anormales qui bouillonnent au fond de moi ? Tranquillement, je commence à renouer des contacts en vue de trouver du travail. Entre deux rendez-vous, je prends le temps de lire, de réfléchir, de m'occuper de moi.

Tant de vieilles cicatrices se sont rouvertes, remises à vif par cette nouvelle épreuve, qu'il faut que je soigne mes plaies marquées au fer rouge. Tout ce passé qui afflue par les vannes qu'ouvre l'oisiveté relative de ma pensée. Tout est si loin, si proche.

L'expérience avec Graham a fait sauter les bouchons de l'oubli. Le passé refait surface. La douleur est cependant moindre. Une peur du vide m'habite, pourtant ce vide me semble de plus en plus habité. Habité par d'autres lumières, d'autres contacts, une autre réalité.

La paix doucement s'installe en moi. Le reflux

de ma douleur emmène avec lui les alluvions qui m'étouffaient : souvenirs, peurs, douleurs, névralgies.

Quelque chose d'autre remplace ce chaos : une vision neuve et vierge sur le monde, sur ma vie. Une nouvelle compréhension de l'existence ; comme si, ayant atteint le sommet d'une colline, je découvrais au loin un horizon calme et lumineux. Je ne sais encore rien de sa couleur, de son contenu, mais il m'attire irrésistiblement.

C'est un fait, il existe une connaissance au-delà de celle, sclérosée, qui était mon quotidien. C'est la découverte d'une clairière chaude et limpide après la longue progression, l'avancée harassante au travers d'une jungle.

Je regarde autour de moi. Tout est paix et lumière. Oui, on peut percevoir la paix et la lumière grâce au regard. J'en suis comme irradiée. Je ne comprends pas encore, mais je sais que les temps ont changé. Je sais qu'un autre pas me sera demandé dans le travail que je commence à peine à ébaucher avec eux. Et pour eux.

En octobre, on me propose un poste qui me convient parfaitement. J'accepte sans hésiter ce travail beaucoup plus axé vers la recherche qui me passionne, et dont je m'étais détournée depuis des années. Je n'ai certes plus les responsabilités d'avant, mais je ne suis pas obligée de sans cesse courir le monde.

Ouf ! Je retrouve mon cocon : le bureau. Je me love dans des habitudes sécurisantes qui se reproduisent jour après jour. Le travail demandé m'épuise moins et me passionne davantage. Ce poste est moins lourd et pourtant plus important que le précédent.

Séduite par cette nouvelle organisation, je m'en réjouis et me surprend bientôt à les en remercier. *Tout lui sera redonné et bien plus encore*, avaient-ils dit au médium.

Le « bien plus encore », c'est une nouvelle légèreté de vivre, ce sont les retrouvailles avec ma vie privée, c'est la possibilité de prendre quelques jours de vacances, ce qui ne m'était plus arrivé depuis des années.

Un nouvel équilibre entre vie professionnelle et vie privée.

⁂

Oui ! Tout m'est redonné, avec en plus une certaine liberté.

De cette liberté, ils vont se servir…

En mars 1995, le médium a l'occasion de venir

à Paris. Mon esprit étant plus calme, je lui propose de passer chez moi pour une consultation

Dans ce bureau feutré qui est mon antre à la maison, en face l'une de l'autre, nous prions. De toute notre force, nous demandons à Dieu de nous protéger, lors de cette communication, et de nous enseigner.

Elle devient blanche. Ses yeux se ferment. Ses lèvres prononcent lentement ces grosses lettres déformées que trace le crayon :

Bonjour, c'est moi, Eugène, comblé tant et tant de fois. Vois-tu, mon enfant, ma petite Flory, je viens encore t'expliquer mais dans les temps, je ne reviendrai plus ou moins car j'ai atteint de grandes Lumières. Je ne viendrai qu'exceptionnellement car tu comprends, tout en faisant partie de grandes Lumières, je vais me rapprocher de plus grandes encore.

Aujourd'hui je te guide, je t'éclaire, je suis la torche sur ton chemin. Je ne t'enlève pas les cailloux de la route, je suis la Lumière qui ne s'éteindra jamais. Au fil du temps, tu arrives à découvrir ta vie, à t'installer, à te positionner, à en comprendre le sens, le pourquoi. La raison de tes actions. Ne regarde pas le passé. Qu'il te serve simplement d'engrais pour l'avenir, au travers de toutes les douleurs de ton âme claire, noble et lumineuse.

Cette âme a tapé du pied pour remonter. D'âme à âme, tu connaîtras, mon petit, de grands moments de gloire. Pas de gloire humaine, mais la grande compréhension : savoir pourquoi tu es venue « Je rends grâce à Dieu de ma vie. » Voilà, ce que tu diras. Et pourtant, le chemin aura été dur...

Continuez de prier. La Terre souffre tant...

Nous avons besoin de votre bénévolat pour toutes les âmes qui se détachent sans avoir aucune conscience du cosmos divin et qui vivent des paliers en attente. Nous avons besoin des prières de la Terre pour les faire monter...

Ce jour-là, j'ai eu la chance de pouvoir communiquer avec Jérôme :

Prends soin de toi... Au fil des temps, j'ai compris le passage sur la Terre, vers le cosmos divin. Je reste encore terrien, moi. Mais nous n'avons pas fini de travailler ensemble et de nous aimer à travers la divine sinusoïde des karmas.

Ta route actuelle va être de plus en plus simplifiée. Tu l'as choisie. Tu as labouré ce chemin. Des torches sont présentes auprès de toi. Sois assise et sereine pour l'accomplissement de tout ce que je n'ai pu te donner.

Je suis heureux, heureux. Je gravis doucement les degrés. J'ai encore besoin de toi. Je te visite. Je suis attaché non pas à ta vie matérielle mais aux effets vibratoires que tu émets. Alors instantanément je plonge vers la Terre à tes pensées.

Je puis te donner des petits messages : mais ces petits spots de Lumière que tu connais ne sont rien à côté du cosmos divin.

De sphère en sphère, d'étage en étage, de Lumière en Lumière, nous avançons. Vous avancez. Tous ces enseignements pour que vous puissiez vous élever.

Bien dommage que très peu arrivent à cette connaissance car le travail au moment de la séparation en serait simplifié.

Vous faites partie de ces élus. Une évolution vient pour toi. Continue…

⁂

Les contacts sont terminés. Je me détends avec le médium et lui raconte que j'ai récemment acheté un pendule. J'ajoute en riant :

— Ça marche tellement bien que j'en ai cassé deux ! A chaque fois, ils bougeaient tellement fort qu'ils m'ont échappé des mains et se sont dessoudés.

Elle, ne rit pas. Elle me regarde gravement et sérieusement me répond :

— Alors vous avez la possibilité d'écrire ! Si les pendules se sont rompus, c'est qu'ils ne veulent pas que vous vous en serviez. Florence, vous devez être médium aussi. Il faut essayer d'écrire !

Devant mon air ébahi, elle ajoute :

— Oui ! Prendre des messages ! Je suis sûre que vous le pouvez maintenant !

Elle paraît d'un seul coup tout excitée, sûre d'elle-même. Elle détache des feuilles blanches de son bloc et me les tend avec un stylo.

Je refuse catégoriquement.

— Ah ! Non ! Enfin ! Je vais vous inventer n'importe quoi, je suis incapable d'écrire quoi que ce soit !

Soudain, très grave, déterminée, elle commande :

— Écrivez ! Posez le crayon tout droit entre vos doigts et attendez.

J'ai peur, et à la fois je n'ose me dérober à la volonté que je lis dans ses yeux.

— Bien droit le crayon, ajoute-t-elle..., et maintenant, on va prier.

Nous prononçons toutes les deux, du fond de notre esprit et de notre cœur, le Notre-Père, puis nous attendons.

Je suis tétanisée, persuadée de ne pouvoir réaliser ce qu'elle me croit capable d'accomplir. Et au nom de quoi ? Je me suis toujours sentie aussi médium qu'une lessiveuse !

Dans un silence total, seulement troublé par nos respirations retenues, je vois alors le stylo — *mon stylo* — bouger lentement. Impossible ! C'est moi qui inconsciemment dois le pousser ! Pourtant, mes doigts sont souples, je n'exerce aucune pression sur l'objet pour l'influencer.

Un trait tremblant descend, puis remonte, qui forme un « j ». Le stylo continue sa course lente, tremblotante et hésitante. Je ne le retiens pas, je ne cherche pas à reprendre le contrôle du crayon, je laisse aller. Apparaît alors la lettre « e » accrochée au « j », puis un « t ». Le médium s'exclame alors :

— J'entends ce qu'il vous dit !

En me cachant sa feuille, elle écrit ce qu'elle comprend, et son visage resplendit.

En quelques secondes, mon stylo trace un *jetème*, suivi d'une signature, *Eugène*, le prénom de mon père. Ce bref message occupe une diagonale de la page.

Puis, tout s'arrête. Le stylo redevient inerte entre mes mains.

Mon interlocutrice est excitée, toute joyeuse, comme une enfant :

— Regardez ! Mais, regardez !

Sur son bloc, bien avant moi, elle a tracé : *Je t'aime, Eugène.*

Je suis stupéfaite. Je n'y crois pas. Comment est-ce possible ? Comment, moi, ai-je pu recevoir le message ? Pourquoi moi ?

10

APPRENTISSAGE

Ce soir, je suis seule, le médium est reparti et j'ai un peu peur. Pourtant, le 18 mars, soit trois jours seulement après cette première et timide expérience, je décide de recommencer.

Seule, face à mon bureau, dans le silence de l'appartement endormi, je prie en tenant le stylo droit entre mes doigts timides. Je prononce très lentement le Notre-Père, puis j'attends.

Rien ne bouge pendant quelques instants. J'ai une sensation bizarre de peur. Peur comme si je devais m'attendre à quelque manifestation physique…

Doucement, j'en suis sûre, le stylo file entre mes doigts. Il échappe à leur légère pression pour tracer un « *Mathieu* », très large, très maladroit. Puis dans des caractères tout aussi mal assurés — une écriture totalement différente de la mienne — le message se poursuit, très lentement :

... écris encore — écoute-nous — nous avons du travail pour toi. Ton fils doit prier davantage. Il le peut. Il doit comprendre pourquoi il est sur Terre : amour et fermeté. Dis-lui que nous veillons sur lui, sur sa femme et son enfant — autres enfants — beauté.

Le stylo s'arrête. C'est fini. Je suis épuisée. J'ai l'impression d'avoir entendu très précisément les mots avant de les avoir retranscrits. Comme dictés. C'est cela. Dictés. Mais par qui ? Qui est ce Mathieu ? Je suis fatiguée et affamée. Avant d'aller me coucher, j'avale plusieurs carrés de chocolat.

Très troublée, je décide dès le lendemain soir de réitérer l'expérience. Ce que je fais en m'installant devant ma table. Avec le désir d'en apprendre davantage, comme une élève studieuse. Même processus que la veille. Dès que j'ai fini de prier, le stylo glisse entre mes doigts, comme animé par sa propre vie...

Je n'ai plus peur, je suis attentive à ce que j'entends. Car, j'en suis sûre maintenant, je capte les mots très nettement dans ma tête avant de les écrire. Quand la voix intérieure se tait, que la solitude du silence s'installe, je sens s'éteindre l'énergie du stylo, qui s'immobilise.

Je relis ce que je viens de noter.

Je suis Mathieu[1]*... Bien sûr, je ne suis pas tout seul, mais je vois que tu t'exerces... Isabelle ira mieux... Par l'amour du bébé que lui donnera son enfant. Immense bonheur. Elle revivra de lui... Amour là encore.*

Dans ton travail... silence... montée... Bonjour, je suis Michel[2]*, je viens pour t'enseigner... tu le verras.*

Au cours des jours qui suivent, je renouvelle quotidiennement ces séances. Les messages sont de plus en plus longs et précis. Je sens que je progresse. Je me prends alors à rêver que je vais couler de douces journées entre mon nouveau travail qui m'apaise et l'expérience que je débute.

C'est oublier le chemin de vie plein de surprises que je me suis choisi avant de revenir !

⁂

1. Mathieu est mon ange gardien, celui qui m'aide sur mon chemin de vie. Chacun possède un guide durant son étape terrestre.

2. Michel est également un guide. Cependant, il évolue dans des sphères encore plus unifiées. Son rôle est d'instruire.

Professionnellement, tout s'apaise. Je ne regrette aucunement mon activité passée. Toutes mes connaissances, je les mets au service de cette nouvelle société où mon rôle correspond beaucoup mieux à mes aspirations.

Doucement, la paix s'installe en moi. Cela me laisse une disponibilité intérieure que le soir, seule chez moi, je leur offre. Isabelle est au courant, ainsi que ma mère. Maintenant, quand un être souffre autour de nous et nous demande de l'aide, nous prions ensemble jusqu'à ce que nous ayons obtenu satisfaction.

Nous ne parlons toujours pas de notre chemin à nos enfants. Pourtant, un jour, bien innocemment, ma nièce, la fille d'Isabelle, m'appelle et un peu gênée me raconte qu'elle a rêvé de Jérôme. Il voulait me parler.

Je sais l'importance des rêves, je sais qu'ils apparaissent chez l'homme à un moment où le supraconscient, libéré enfin des troubles et tracas de l'activité humaine, peut être à l'écoute du spirituel.

Le soir même, dans mon silence, sans aucune peur cette fois, je suis prête à écrire. C'est d'abord Mathieu qui se manifeste. J'apprendrai par le médium que c'est toujours lui qui vient parce qu'il est mon guide, mon double auprès de Dieu, mon « ange gardien ».

Bonsoir, mon enfant, oui, je suis Mathieu, ce soir Jérôme a la permission divine du contact avec toi. Ce n'est pas pour rien s'il a communiqué avec Christine, ta nièce, c'est parce qu'il sait qu'elle vient chez toi pour s'y marier...

Ce qui est absolument exact ! Mais il y a déjà un certain temps que cela ne me surprend plus. Je ressens alors des picotements dans le crâne.

Bonjour, ma femme... oui, je suis plus lourd dans ta tête et tu le sens, pardon.

Je voulais te dire comme je suis heureux de voir comment marchent les événements de votre vie familiale. Nous participons à tout et moi, je veille en courant partout où j'ai l'impression que l'un de vous pourrait avoir besoin de moi.

Oui, je cherche à vous faire oublier l'image que j'avais mais aussi, je veux rendre l'Amour. Merci de vos prières.

Mon petit, je veille sur nos enfants, c'est facile car la Vierge les aime. Chez Chloé, notre fille, bientôt un enfant, tu le verras... Chez Franck une seconde âme... après Camille. Chez Anne, ce sera un peu plus tard...

Alléluia sur la route de notre travail en commun, enfin efficace. Je fais ce que je peux. Je me bats près de toi... Enfin...

⁂

Camille a dix mois, c'est une petite poupée de porcelaine aussi jolie que sa mère. Au milieu de son visage, brillent les yeux très sombres de son père, qui sont aussi ceux de Jérôme.

Cet après-midi-là, elle court dans tout l'appartement avec son Youpala, bousculant tout ce qu'elle touche de ses mouvements vifs... Heureuse d'être libre grâce à cet engin qui la rend aussi indépendante que si elle savait marcher.

Au bout du long couloir... une porte, celle du palier qui domine les trois étages de l'immeuble où se situe l'appartement de Franck et Véronique... Qui pousse l'enfant à courir vers cette porte ? Quelles étranges pulsions d'indépendance lui font, en se hissant sur ses petites jambes, tourner le bouton de la porte, geste qu'elle n'a jamais effectué auparavant ?

Toute fière, elle vient de voir la porte s'ouvrir. Alors elle s'élance, inconsciente du vide qui la guette, et à toute vitesse bascule dans les escaliers.

Un hurlement... Le bruit d'un objet qui n'en finit pas de tomber. Véronique et Franck sortent comme des fous du salon où il se reposent en ce dimanche paisible... Véronique, pétrifiée, reste paralysée sur le palier. Franck dévale les escaliers, prêt à ramasser le corps inerte de son enfant, disloqué.

En bas des marches, le Youpala est renversé. La petite Camille est là, à quatre pattes. En voyant son père, elle se met à pleurer et à rire à la fois...

Rien ! Elle n'a rien ! Pas une égratignure ! Rien qu'une toute petite marque à la joue.

A l'hôpital où ils l'emmènent immédiatement, les médecins n'en reviennent pas :

— C'est une miraculée votre fille, monsieur !

Jérôme m'expliquera quelques jours plus tard :

Camille, notre enfant protégée par la Vierge et par Dieu car très importante pour votre processus familial... Tu le verras.

Merci. Merci.

⁂

Ce soir-là, je rentre du bureau, fatiguée. Machinalement, j'allume l'autoradio pour me placer sur une fréquence qui diffuse des informations en continu. Le bouton saute sans arrêt et, régulièrement, revient se placer sur une fréquence qui ne m'intéresse absolument pas.

Agacée par la circulation, la chaleur, je tape à

coups redoublés sur ce fameux bouton qui, inexorablement, retourne sur cette fréquence que je finis par laisser en pensant à autre chose…

Mon esprit vagabonde sur les problèmes de la journée quand je capte au passage l'expression NDE. Une émission commence sur cette radio où un animateur recueille le témoignage de gens qui ont vécu ces *near death experiences* ou, en français, expériences de mort imminente. J'écoute l'émission qui s'arrête juste quand j'ouvre le portail de la maison…

Intriguée par ce phénomène, j'essaie, après l'arrêt de la voiture, de remettre la radio à laquelle je suis habituée. Cette fois, cela ne saute plus !

« … violents orages au sud du Mexique… »

Je rentre chez moi stupéfaite, sûre en mon for intérieur que cette panne surprise qui m'a forcée à écouter ces témoignages n'a rien de fortuit. Le soir, je leur pose la question. Voici la réponse que je reçois :

Bonsoir mon enfant. Comme tu l'as deviné dans la voiture, nous t'avons fait remonter sur la fréquence qui parlait de NDE, car nous voulions te donner des précisions.

En effet, lorsque les âmes se détachent du corps, elles ne quittent pas ce corps immédiate-

ment car elles sont habituées à cette enveloppe qu'elles ont du mal à quitter comme une niche.

Mais toi, tu le sais nous sommes là, une armada, une armée bienveillante de Lumières qui vient accueillir l'être à sa nouvelle vie. Non seulement, il y a les guides et les parents qu'ils ont connus sur Terre, mais il y a aussi ceux que l'âme a connu dans d'autres karma et qui retrouvent avec bonheur l'âme qui revient.

C'est une fête, comprends-tu, une grande fête. L'âme alors ressent une folle liberté, une ivresse de bien-être et sent très vite qu'elle se retrouve chez elle, sauf les âmes qui ont été tellement plongées dans le matériel qu'elles sont perdues, qu'elles se cachent, se sauvent devant l'Amour.

Si, c'est son heure, l'âme alors voit sa vie à travers sa nouvelle compréhension. Personne ne la juge, nous l'aidons à regarder le panier qu'elle remonte avec amour.

Mais alors, quelle déception souvent, quelle surprise d'avoir attaché tant d'importance à des riens pendant sa mission terrestre et d'avoir perdu tout ce temps, tout cet effort pour rien.

Dans sa surprise, l'âme souffre mais, si elle n'est pas rebelle et agressive, c'est une procession lumineuse d'Amour qui la conduit vers son premier plan.

Après, c'est l'apprentissage que nous t'avons déjà expliqué à travers Jérôme.

En revanche, les âmes qui reviennent trop tôt, sont renvoyées de leur plein gré (NDE) car Dieu-Amour sait qu'elles doivent accomplir leur incarnation. Voilà.

Ces témoins que tu as entendus ne mentent pas. Ils disent la vérité qui, plus elle est simple, plus elle fait peur aux hommes embués d'alluvions pseudo-intellectuelles de toutes sortes...

⁂

Je suis ravie aujourd'hui de déjeuner avec Marc Daussier. Nous ressemblons à la fois à deux anciens combattants doublés de deux collégiens qui se retrouvent. Les souvenirs s'entrecroisent, les rires fusent. Ce Marc est tellement drôle quand on ne travaille plus avec lui !

Il me raconte son nouveau poste, son nouvel amour ! Rien ne l'intéresse plus que ces foutus moteurs avec lesquels il se bat toute la journée. Le temps passe, on est bien, on n'a plus envie de se quitter... Au troisième café, je commence à lui parler des messages que nous recevons maintenant dans la famille depuis plus de quatre ans.

Marc me regarde, étonné :

— Tu décaroches ou quoi ?

Voilà ! Avec Marc le problème est toujours simplement posé, en termes directs.

Pendant deux heures, je lui raconte tout. Je le sens ébranlé. Je n'en demande pas tant, simplement qu'il me renvoie une réflexion... Ce qu'il fait.

— Tu sais, Florence, je ne suis pas borné. Tout m'intéresse. Et on entend parler de ça de plus en plus. On ne peut pas tout jeter en bloc : le bébé et l'eau du bain mais... Et si, en fait, il ne s'agissait que de puiser dans un grand réservoir ? Tu vois une espèce de mémoire universelle, collective en somme.

Je le coupe :

— Oui, j'y ai pensé : une immense télépathie collective.

Marc opine de la tête :

— Vouiiiii... quelque chose comme ça. Note que c'est un peu ça. Les médiums, comme on dit, plongent dans cette masse de connaissance, d'inconscient collectif et...

— Oui, dis-je, mais cette masse est bien nourrie d'une réalité, elle est bien constituée d'une substance et, qui plus est, de la même substance, car les médiums du monde entier, ou de différentes époques, captent ou ont capté le même message depuis des millénaires.

Quelle que soit la forme sous laquelle il est

transmis, il ne s'agit que de l'amour entre l'Homme et Dieu, le partage dans l'Amour, la bonté à distribuer et l'effort que doit faire l'âme pour remonter jusqu'au diapason de l'unité Homme-Dieu.

Ainsi Dieu dans son immense Amour pour nous passe son temps à protéger notre marche, celle qui permet à notre âme de regagner l'unité perdue lors de l'implosion première.

Ainsi nous passons de plan en plan : de l'incarnation à la désincarnation, de la désincarnation à la sublimation ou au retour matériel s'il s'avère nécessaire… Toujours le même message sous différentes formes.

Alors, Marc, et si nous étions aveugles et sourds ?

On s'est quittés à cinq heures de l'après-midi sous l'œil agacé du garçon qui voulait dresser les tables pour le soir.

Marc m'a embrassée avec beaucoup de tendresse.

— Je voudrais qu'on en reparle, a-t-il murmuré.

Un petit signe d'adieu… et sa longue silhouette baba cool disparaît au coin de la rue.

J'ai froid d'un seul coup. Je remonte le col de mon manteau. Le soir est tombé.

11

LE PASSAGE

Il est presque minuit, et dans cette chambre d'hôtel où je suis venue me reposer quelques jours, seule, au bord de la mer, je suis sur le point de m'endormir. Mon corps et mon esprit sont détendus, en paix, prêts à sombrer dans l'oubli du sommeil.

Mais, brusquement, un ordre — oui, je dis bien un ordre — traverse mon esprit.

Lève-toi ! Prends un message !

D'abord surprise, j'ouvre un œil que je referme aussi vite, croyant à un effet de ma propre conscience qui oscille déjà entre rêve et réalité.

Je me retourne et cherche à m'endormir. Mais, « l'ordre », ou la demande expresse, se fait tellement insistant que je finis par céder, contre mon gré. Je suis si fatiguée, j'ai froid...

Bref, je grogne en m'installant à cette petite table tournée vers la fenêtre qu'éclaire la lune.

Je prie, mon crayon entre les mains, le papier à en-tête de l'hôtel devant moi. Le crayon se met à bouger doucement. Il trace maintenant de larges lignes parallèles, tremblantes, caractéristiques d'un début de contact.

Puis les mots se concrétisent très clairement dans ma tête pendant que le crayon trace le message suivant :

Bonsoir, mon petit, oui Jérôme veut te prévenir qu'il vient d'avoir le droit, une nouvelle fois, de changer de sphère.

Il te demande une intense prière ainsi qu'à tes enfants car il est très heureux mais il a un peu peur.

Cela se passe en ce moment. Ton père est auprès de lui. Priez très fort. Pensées d'Amour. Vifs mercis à sa famille terrestre.

A bientôt de la part de Jérôme.

Alléluia en Dieu — Mathieu.

Jérôme n'a donc pas changé en passant de l'autre côté du miroir. Il est resté le même. Il a toujours appréhendé les changements de lieux ou d'habitudes. Cela le rendait très nerveux quand nous vivions ensemble, et visiblement cela le trouble aujourd'hui encore avec autant de force.

Je me souviens avoir aussitôt téléphoné à ma sœur et à ma mère pour prier avec moi. J'ai demandé la même chose à mes enfants le lendemain matin. Nous nous sommes tous mis à prier pour l'aider à monter, à atteindre la sphère supérieure.

J'apprends par cette expérience la puissance que nos actions d'amour croisées peuvent avoir les unes sur les autres. J'apprends combien nous pouvons travailler ensemble, grandir ensemble, par-delà la différence des plans sur lesquels nous évoluons maintenant.

Le lendemain, je demande au médium avec qui je suis toujours en contact d'obtenir des « nouvelles » de Jérôme. J'ai souvent peur en effet d'influencer le contenu des messages que je reçois quand il s'agit de mes proches. J'ai trop peur de ne pas être suffisamment neutre.

Voici le texte qu'Élise reçoit à son tour pour moi, message signé de Michel :

Jérôme, ce soir, est paisible, car il est monté dans une sphère de don pleine de belles âmes. Alors, il y est heureux. Là, il va apprendre à donner vraiment sans aucune tache d'égoïsme, tu comprends ?

Il restera longtemps dans cette sphère. Il y est très joyeux, il est fier de l'avoir atteinte. C'est parce qu'il a une terrible envie de réparer très vite qu'il est monté si vite. Il pourra te reparler plus tard. Mais il est heureux et y a retrouvé son envie de « vivre ».

Oui, tout comme vous, nous évoluons par palier. Nos âmes emplissent le cosmos avec ivresse et facilité puisque nous atteignons les lieux à la vitesse de la pensée, sans effort.

Ainsi la vie humaine et vibratoire emplit l'univers mêlée au tissu de l'Amour divin.

Nous habitons là où la qualité de nos vibrations nous conduisent. Les planètes de votre minuscule, lilliputien système solaire ne sont que des tremplins qui vous propulsent bien plus loin.

Il existe des mondes à la qualité vibratoire très différente de ce que nous connaissons en tant qu'humains, nous y séjournons au gré, au rythme, au diapason de ce que nous avons à y apprendre.

L'univers est plein de ces vibrations que sont les âmes en évolution, en cycle de réincarnation, toutes tendues vers le retour dans l'infini Amour divin.

Repurifier l'âme, la restructurer, la faire se replonger dans une expérience soit terrestre, soit cosmique où des milliards de lieux sont choisis par les âmes en accord avec Dieu pour réapprendre les accords qui seront au diapason de sa Lumière et de sa musique divine.

Voilà le grand mystère du mariage de l'Amour entre Dieu et l'âme.

Maintenant, tu le comprends bien. Peu à peu nous t'apprendrons de quoi sont faits ces stages qui mènent à la grande fusion de l'Amour.

Ainsi la réincarnation est la loi du karma d'Amour. Non d'un karma géré par un dieu vengeur et sans âme, mais un karma qui est une lente remontée vers le centre du cœur de Dieu.

Le karma est un chemin d'Amour, non un chemin de punition ou de vengeance.

En fait, les apnées terrestres ou extraterrestres, voulues par l'âme sont effectuées pour avancer, s'initier, se perfectionner au même titre que les passages à des plans et à des sphères divers.

*Lorsque nous sommes désincarnés, c'est le même processus, le même chemin, les mêmes étages d'une remontée par l'Amour, dans l'*UN*, dans l'Unité divine.*

Parlez-en ensemble, priez ensemble, nous serons là pour tenir vos mains emplies de notre Lumière.

Nous serons là pour vous baigner d'Amour, pour éclaircir votre regard comme les écailles du poisson tombent des yeux de l'aveugle, pour lui faire découvrir la Lumière.

Maintenant, vous savez. Pas tout, bien sûr.

Nous devons vous expliquer encore de nombreuses choses sur la vie ici, mais vous connaissez maintenant l'essentiel de la courbe, l'essentiel de la dynamique du chemin.

Quand l'âme gagne nos sphères après la mort à votre vie, elle vient de se détacher d'un corps terrestre qui n'est qu'un véhicule terrestre lui aussi. Ce véhicule a servi à l'âme, mais il l'a aussi limitée et « matérialisée ». Voici fini son temps. Elle va retourner au Père, consciente ou inconsciente de ce voyage.

Là, le passage est parfois surprenant, mais moins s'il est accompli par une âme préparée. Voilà alors que viennent les chants d'Amour de ceux qui l'accueillent et qui la reconnaissent ou qu'elle reconnaît.

Moment surprenant mais sans angoisse à l'âme qui aime ou est préparée. Pour l'âme qui n'a pu monter ou affiner sa vibration, c'est une torture, car elle ne sait où elle est et ce qu'elle fait.

Là oui, les âmes préparées ressentent quand même un pincement, car elles s'étaient forgées une habitude des lieux terrestres plus ou moins forte. Mais, nous sommes là et répondons à la plus petite parcelle d'amour que vous voulez bien ressentir. Priez pour celui qui part.

Cependant, tu ne peux même pas imaginer les beautés que nous traversons. Toutes les choses existent toujours, pour nous, désincarnés, mêmes celles qui sont les beautés de ta planète et de l'univers, mais en plus existent toutes celles visibles à ceux qui montent dans le centre du cœur de Dieu.

Tu n'imagines pas la beauté dans la Lumière du cristal de l'Amour. Endroit où d'ailleurs se trouve ton père, maintenant resplendissant d'Amour et de Lumière. Quelle aura quand l'âme approche le retour total au cœur de Dieu. Quelle fête !

Quand l'âme gagne nos sphères, après les passages que nous t'avons déjà expliqués, elle se conforte par plans auprès d'autres âmes, d'autres professeurs. Ces sphères et plans sont innombrables et représentent des degrés.

Le médium a eu alors envie de poser une question :

— Y a-t-il des sphères spéciales où les gens qui se sont consacrés à Dieu sont accueillis ?

Il n'existe pas une sphère qui serait comme un hôtel d'accueil spécialisé pour les gens qui sont restés célibataires pour Dieu ou sont rentrés dans les ordres. L'étalonnage n'est pas là. Il est un étalon d'Amour.

Si celui qui s'est consacré socialement à Dieu l'a fait sans l'Amour, sans don, il a perdu son temps.

Alors qu'aurait-il à faire sur cette sphère au même titre que celui, qui, peut-être, a vécu une vie humaine plus complète avec famille, femme et enfants, extrapolant l'Amour qu'il leur a donné jusqu'à l'infini élargissement de l'Amour divin.

Pas d'étiquettes et pas d'étoiles dans nos sphères, comme vous entendez « étoiles » dans l'hôtellerie humaine.

L'étalon, c'est l'Amour. La jauge c'est l'Amour, l'âme doit regagner dans le cœur de Dieu l'unité d'Amour qu'elle a perdu lors de la grande séparation.

Pour ce faire, elle passe par des périodes de purification, d'amélioration constantes comme par des sas d'incarnation en désincarnation, dans telle sphère ou sur telle planète (dont la Terre : la plus dure).

Voilà la dynamique menée, poussée, gérée, initiée par l'Amour. Réfléchissez là-dessus. Ainsi, Flory… tu as vécu d'autres vies parfois lourdes, mais toutes ont contribué à ton avancée et à la compréhension de notre monde.

Tu as vécu d'ailleurs déjà avec une grande partie de la famille que tu as actuellement. Voilà pourquoi, instinctivement, tu ne veux pas prendre fait et cause pour des broutilles de passage qui ne comptent pas au regard de votre éternité commune.

Cela explique parfois les rancœurs incontrôlées des uns par rapport aux autres car certaines luttes ont pu être douloureuses en des temps lointains dont parfois il reste des traces profondes chez certains membres de cette même famille.

Vos âmes se retrouvent et se quittent pour mieux s'aider à comprendre ou pour revenir comprendre ce que vous n'avez pu réaliser dans des vies antérieures. Ton père, Flory et toi avez été presque jumeaux dans une autre vie et c'est cette gémellité qui t'a « tuée » quand il est parti. Cette fois, tu as eu l'impression d'être coupée en deux.

Tu l'étais car il était ton jumeau karmique. Toute sa partie en toi est partie avec lui. Comprends-tu ?

Ta fidélité à son amour n'aura pas de fin. C'est lui qui t'envoie l'homme qui vient, qui doit continuer son travail d'homme à âme masculine dont tu as besoin de redécouvrir les bienfaits et la richesse de l'osmose, pour mieux donner encore. Mieux donner. Il vient, ne t'inquiète pas. Tu seras surprise.

⁂

L'idée de rencontrer un autre homme ne m'enchante pas. La douleur ressentie avec Graham est loin d'être estompée. Alors à quoi bon recommencer ? D'autant que je vis déjà les tourments d'amour de mes enfants plus cruellement que s'ils étaient miens. Alors. Pourquoi ?

Les temps pour moi se sont apaisés. Grâce à cela, j'ai trouvé de l'espace pour poursuivre ma quête spirituelle. Je me sens « complète et équilibrée », fascinée et nourrie par tout ce que je découvre. En paix. Malgré les soucis toujours très vifs que me procurent les ennuis de mes enfants.

En fait, par moments, j'ai l'impression d'être écartelée entre quatre vies : les leurs et la mienne. Je prends fait et cause pour tout ce qu'ils expérimentent. Leurs joies sont les miennes, leurs peines me taraudent. Je suis loin d'avoir appris le détachement. Pourtant grâce aux messages, j'ai compris que leurs âmes m'avaient choisie, ainsi que celle de leur père, pour effectuer avec elles le chemin en cette nouvelle incarnation.

J'ai compris qu'on m'avait « prêté » mes enfants pour les accompagner sur ce chemin de vie. J'ai compris aussi, très difficilement, qu'ils étaient venus accomplir leur mission, leur chemin avec mon aide.

Il m'a également fallu admettre de ne pas toujours les protéger, de ne pas retirer tous les cailloux de leur route car, à ce moment-là, ils seraient venus pour rien et devraient recommencer, se réincarner une nouvelle fois pour la même mission.

Mon amour infini peut les entourer de lumière mais ne doit pas faire le trajet à leur place. Ce qui est à vivre est à vivre, l'âme l'a choisi avant de redescendre. L'âme possède toujours le libre arbitre et seule, en son intimité, elle décide de ses pas, de sa route et toujours de l'inflexion de son destin, même si elle ne pressent pas souvent sur Terre cette dynamique.

Aussi cet enfant ne nous appartient pas. Il est l'âme qui s'est confiée à nous pour l'aider à grandir, pour l'aider à accomplir la trajectoire qu'elle s'est programmée avant cette apnée terrestre, en toute liberté, avec Dieu et ses guides.

L'amour d'un père ou d'une mère est souvent tellement fort, tellement possessif qu'il étouffe l'enfant au lieu de rester en retrait, en témoin affectueux, attentif mais discret. Dieu que c'est dur de les aimer à la folie tout en les laissant vivre !

Aujourd'hui, tous les trois ont quitté mon nid et je suis comme un écrin vide, privé de ses joyaux. J'ai l'impression d'avoir le cœur ouvert sur un espace inutile.

Mon esprit, mon cœur, mon corps ne peuvent

admettre qu'ils soient partis. Pourtant mon âme est heureuse : j'y suis parvenue !

Sur mes mains, dans mon souvenir, j'ai toujours le goût, l'odeur, le toucher de leur peau d'enfant. Dans ma chair résonnent encore leurs cris de colère, d'amour, de joie et de révolte. Je respire encore leur souffle, je dors de leur sommeil. Je me nourris de leur pain.

Je les ai élevés jusqu'à ce que leurs pas toujours mal assurés s'affermissent peu à peu et que des cris d'enfants les appellent à leur tour sans que ma tête ne se tourne dès que j'entends « Maman ».

12

L'AUTRE MARC

Comme Jérôme nous l'avait annoncé une nouvelle petite âme vient de s'installer chez Franck et Véronique. Chloé, ma fille, attend son tour avec impatience. Rien ne vient et, en ce soir de mars 1996, je fais part de mes inquiétudes à Jérôme.

Il me tranquillise :

Pour notre enfant, Chloé, voilà, il fallait qu'elle se soigne pour laisser un petit nid bien sain à l'enfant qui vient. Bonheur total. Merci à Dieu, elle sera mère l'année prochaine et déjà bien grosse durant l'été prochain.

Tu sais, son âme, c'est du champagne dont la moindre bulle est un éclat d'Amour. Cette âme est à la fois pleine de lumière, réfractaire et rebelle comme un cheval sauvage et racé. Chloé est un chant d'amour, un champ d'Amour pour Dieu.

Je relis lentement ce message quand le téléphone sonne et interrompt ma réflexion. A ma grande surprise, c'est la voix de Marc.

— Florence ? C'est Marc ! Marc Daussier !

Je suis ravie d'entendre mon « gros labrador » car cela fait des mois que je n'ai eu de ses nouvelles.

— Marc ! Quelle surprise mais où es-tu ? Toujours aux États-Unis ?

Je perçois distinctement un blanc, une hésitation, puis :

— Euh ! Florence… je suis en bas de chez toi. Est-ce que je peux monter ?

Interloquée, j'acquiesce tout de suite. Que se passe-t-il de si urgent ?

Un coup de sonnette brutal. Dans l'embrasure de la porte, je retrouve mon cher Marc, l'air abattu et sinistre. Il me prend dans ses bras et manque m'étouffer :

— Florence ! J'ai besoin de toi…

Puis s'éloignant en desserrant son étreinte qui me coupe le souffle, il s'écroule dans mon canapé. Décidément ! Il n'a pas changé ! Il m'attendrira toujours…

Ce qui lui arrive est bouleversant. Son père est en danger. les médecins ont découvert une tache très inquiétante sur l'un de ses poumons. Ils font actuellement des examens. Ils ont peur que ce soit un cancer.

En quelques phrases courtes, Marc a déversé tout ce qui le ronge. Il est revenu de Houston pour cela. Je le questionne :

— Et… euh…. Marc, à part mon amitié, en quoi puis-je t'aider ?

— C'est simple. Tu te souviens, Florence, de notre conversation ? Il y a des mois… Tu m'avais parlé d'un médium… enfin de messages reçus…

— … oui, bien sûr… et alors ?

— Alors aujourd'hui, j'ai besoin de savoir, de savoir vite. Demande-leur, là-haut, si mon père est foutu !

Sa voix se casse sur ces derniers mots. Il se prend la tête dans les mains et continue :

— Florence…, mon père et moi, on ne se comprend pas depuis des années… c'est comme si on parlait chacun une langue différente et… je ne voudrais pas qu'il parte sans que… sans que…

Sa voix se brise à nouveau. Il relève la tête. Je suis à côté de lui et lui caresse les cheveux avec une infinie émotion.

Doucement je le calme, je le dissuade d'essayer quelque chose auquel il ne croit pas :

— Pourquoi demander, Marc ? Tu ne crois pas à ces choses-là. Souviens-toi, on s'était dit : on en reparlera… et on n'en a jamais reparlé…

— Florence, c'est sûrement fou, mais ce que tu m'as raconté, a fait son chemin dans ma tête... et il a fallu cette crise pour que je revienne t'en parler...

Il a l'air si malheureux, et j'ai tellement d'affection pour lui que j'accepte.

— Écoute, Marc, il faut savoir que les messages pris pour des proches peuvent ne pas être neutres. C'est-à-dire peuvent être influencés par la pensée du recevant. C'est plus facile, plus clair quand on reçoit pour quelqu'un qu'on ne connaît pas... Tu comprends ?

Il se lève, me prend les mains et insiste de son regard triste.

— Florence ! Je t'en prie...

⁂

Seule devant la page que je viens de recevoir, je suis très triste pour Marc...

Bonsoir mon enfant. Pierre, le père de ton ami, est rongé par ce qui doit le faire naître à notre vie. Bienheureux Pierre. La maladie va se développer et le conduire à nous, à sa nouvelle vie ici. La sienne, sur votre Terre a été jalonnée de souf-

frances et de difficultés, il a atteint la fin de la route qu'il s'était tracée avant de redescendre.

En attendant pour les quelques mois qui restent ce ne seront que souffrance à adoucir. Dites bien à vos médecins de vérifier les dosages. Ce n'est pas le médicament qu'on va lui injecter qui est à rejeter totalement, mais, il lui faudra un dosage plus fin accompagné de d[1].

Il faudra équilibrer doucement le dosage et il ne souffrira plus. Bien le dire à son fils médecin. Il comprendra. Il sait que nous existons, que nous agissons. Écris-lui, il saura que tu reçois nos messages. Ainsi, Pierre quittera doucement votre Terre pour la plus grande gloire de son âme auprès de Dieu. Priez.

Je n'ai pas le courage d'appeler Marc ce soir. Autant qu'il passe encore une dernière nuit sans connaître la vérité. Un peu lâchement, je mets mon répondeur pour prévenir que je ne suis pas là. D'ailleurs… et si je m'étais trompée ? Le nom d'un médicament quand même ?… et si je l'avais inventé ? Ou mal retranscrit ?

Le lendemain matin, je dois prendre l'avion très tôt, pour une journée de travail à l'étranger. Je n'ai pas le courage d'appeler Marc, mais je laisse

1. Nom d'un médicament contemporain.

un message à son bureau disant que je le rappellerai en rentrant. C'est vrai, je suis lâche, mais j'ai tellement mal à l'idée de devoir lui annoncer, que je préfère me préparer !

Le soir même, harassée, j'arrive à la maison vers minuit à cause d'un trafic intense à l'aéroport, ce qui a retardé mon vol d'au moins deux heures. Sur le répondeur un message de Marc, tout joyeux :

— Allô ? Florence ?... Bon, tu n'es pas là ! Je voulais te dire. Tout va bien... Les analyses sont bonnes. Mon père n'a rien. Enfin... c'est bénin. Merci encore. Appelle-moi demain. Je voudrais déjeuner avec toi.

Ma stupeur est totale. Comment cela ? Son père n'a rien ! Alors que le message précise que la maladie est grave, et que l'issue en sera fatale et rapide ? Pour quelles raisons me serais-je trompée ? Est-ce moi qui ais mal compris ? Ou est-ce une erreur de leur part ?

Je me souviens avoir passé la nuit, les yeux grands ouverts, à réfléchir à ces questions. Au petit matin, je décide d'aller demander à mon pharmacien si ce médicament existe.

Marc me rappelle pour m'inviter à déjeuner. J'entends à l'autre bout du fil, une bonne voix, celle d'un homme qui a repris du tonus. Rendez-vous est pris pour dans quelques jours, car je suis en déplacement cette semaine. Je n'ose pas parler du message, bien évidemment. Je me tais. Je garde mes doutes pour moi.

Pourquoi se sont-ils trompés ?

La curiosité qui me tient ne me lâche plus. Je vais donc voir mon pharmacien, qui me confirme bien l'existence de ce médicament dont le nom m'a été communiqué lors du message. Il ajoute que cela sert à stopper de grandes inflammations douloureuses.

— A qui en a-t-on prescrit chez vous ? ajoute-t-il.

Je bredouille, les yeux dans le vague.

— Euh ! A personne... personne... bon... merci....

Son regard étonné me suit jusqu'à la porte.

⁂

La salle de restaurant est joyeuse et vivante comme d'habitude. Le patron me reconnaît et m'installe à une petite table près de la cheminée. Marc n'est pas arrivé et je dévore la carte des yeux car je meurs de faim...

C'est l'odeur de son eau de toilette qui me signale sa présence. Je relève la tête, prête à le taquiner… Mais, devant la mine défaite de mon ami, ma plaisanterie s'arrête net sur le bord de mes lèvres.

— Marc ? Qu'est-ce qu'il y a ? Ton père ?

Il s'affale lourdement devant moi. Dans des termes succincts, il me décrit son chagrin.

— En fait, tu vois, c'est Sylvain, mon frère médecin, qui m'avait tranquillisé il y a quelques jours. Il n'était sûr de rien, et les résultats définitifs n'étaient pas connus… Alors il a préféré ne pas nous affoler… Mais, aujourd'hui, il nous a dit la vérité : c'est un cancer fulgurant en phase terminale… Mon père souffre déjà beaucoup…

Le chagrin de Marc fait peine à voir. Je lui prends la main en silence. J'ai un goût âcre dans la bouche…

Il prononce lentement :

— Tu vois, Florence, j'ai si peu de temps encore…, si peu de temps pour enfin parler avec lui… et je ne sais pas, comme d'habitude, quoi lui dire. On n'a jamais été foutus de se comprendre… J'veux pas qu'il parte comme cela.

— Marc, j'ai un message pour ton frère médecin… Tiens…

Je lui tends le papier, enfoui dans mon sac depuis plusieurs jours. Marc le lit puis relève les yeux, éberlué.

— Attends-moi ici, j'appelle mon frère…

Mon grand Marc, baba cool et dégingandé, traverse comme un zombie la salle de restaurant et s'enferme dans la cabine téléphonique. Je le vois de loin faire un numéro, puis parler à grands renforts de gestes...

Quand il sort de la cabine, il vient vers moi, serein...

— Sylvain m'a dit que le médicament que prescrit ton... euh.... interlocuteur existe, qu'il peut le mélanger à la morphine qu'il a prévu de donner. Cela ne s'est jamais fait mais ça paraît compatible. Autant te dire qu'il a dû me prendre pour un fou, mais comme de toute façon on n'a plus rien à perdre... il a promis d'essayer.

Je suis assise face à cet homme que je croyais connaître et qui se révèle presque un étranger. Je veux dire qu'un autre homme se dessine derrière la carapace du compagnon de travail qui a partagé tant d'heures de ma vie. Que sait-il de moi ? Qu'ai-je compris de lui ?

Il m'attendrit dans sa douleur muette de petit garçon. Il m'étonne par la faiblesse que je sens poindre en lui. Que savons-nous l'un de l'autre malgré nos heures partagées ?

L'intimité professionnelle donne l'impression d'avoir fait le tour d'un être, de tout avoir deviné de lui par les luttes soutenues ensemble, par les victoires bues à la même coupe.

Pourtant, il suffit d'un bouleversement, d'une grande souffrance, pour que se révèle le fond de l'âme ainsi suppliciée. Marc, je croyais te connaître et, en ce jour, ton regard chargé de larmes me révèle ton âme. Celle d'un quasi-inconnu dont la douleur me trouble.

Dans le silence ému de notre tête à tête s'établit une complicité que je n'ai jamais connue. Nous ne bougeons plus. Nous ne parlons pas et le restaurateur respecte la bulle dans laquelle nous nous sommes enfermés.

C'est Marc qui rompt ce long silence, cet espace sans temps dans lequel nous flottons. Il tend sa main vers la mienne et la couvre de ses doigts glacés. Je l'entends marmonner :

— Aide-moi…

Il me suffit d'un coup de téléphone pour annuler les rendez-vous que j'avais pris.

⁂

J'ai promis à Marc d'aller voir son père à la clinique où il va passer la nuit à son chevet. Pour lui parler. Le préparer à ce qui l'attend. Il fait un temps de printemps. Les giboulées se mêlent à un soleil timide mais déjà prometteur.

J'ai l'impression de me retrouver lors de cet autre printemps, il y a tant d'années, quand un hiver trop long m'a enlevé mon père... *Un soleil trop tard*... Le soleil arrivera-t-il toujours trop tard dans ma vie ? Est-il possible que je vive toujours en décalage de quelque chose ?

Ce soir, face à la photo de Jérôme entouré des enfants, je me pose ces questions. Des images défilent dans le kaléidoscope de mes souvenirs.

Jérôme, ce que nous n'avons pu accomplir ensemble, sur Terre, nous commençons doucement à le réaliser maintenant que chacun d'entre nous vit d'un côté différent du grand mystère.

Je sais que la mort a purifié notre lien. Chaque jour, j'ai l'impression que nous travaillons enfin ensemble, dans la même direction, pour les gens que nous aimons.

Ainsi débarrassé de tes démons, ainsi débarrassée de mes rancœurs, éclairés par l'Amour, nous réalisons ce nouveau dessein, ce que le quotidien engluant nous a empêché de concrétiser sur Terre. Le chemin est encore long pour nos enfants, mais je ne suis plus seule à veiller sur leur vie. De ce côté-ci du miroir, à mon tour, j'ai trouvé la paix.

Mes pensées vagabondent... Un rien nostalgiques quand je me sens poussée à m'installer pour écrire. Je prie, je fais silence en moi et voici, ce qu'en grandes enjambées le stylo se met à tracer :

Bonsoir, mon enfant, ton ami passe auprès de son père des heures décisives. L'âme quittera pour venir à notre vie quand les deux hommes se seront fait comprendre leur amour réciproque.

Paix sur tes enfants et toi — Mathieu.

⁂

Dès le lendemain matin, je retourne voir le père de Marc. La clinique se dresse face à moi, blanche et impersonnelle. Bâtiment C - Secteur D.

Sur le pas de la porte dont la peinture s'écaille, Marc, immobile, me regarde venir. J'hésite car je lis sur son visage une expression où se mêlent tristesse et joie. Nos regards se croisent. Je parle la première :

— Il est parti, n'est-ce pas ?

Marc me prend simplement le bras, m'entraînant dans son sillage.

— Il ne pouvait plus parler, mais je lui ai tenu la main jusqu'au bout… Dans ses yeux, il y avait tant… tant…

— Tant d'amour ? Autant que dans les tiens ?

Il hoche vivement la tête pour acquiescer tandis que de grosses larmes d'enfant roulent sur son visage creusé…

Le vent s'est levé comme pour emporter l'âme qui hésite peut-être encore à monter vers l'Amour…

A mon bras, Marc dont la force, la tendresse et la chaleur m'apaisent !… Je tiens donc tant à lui ?

13

LE SOLEIL PEUT-ÊTRE

Chloé est enceinte, c'est un immense bonheur. L'enfant de Franck, le second, va bientôt naître. Les petites âmes promises arrivent doucement, chacune à leur tour, comme des bouffées d'amour venues pour nous souder.

Les premières semaines après la mort de son père, Marc décide de rester quelque temps au bureau, à Paris.

Il a une quantité de démarches administratives à effectuer. De plus, et surtout, il ne parvient pas à quitter le lieu où son père est enterré comme s'ils avaient enfin commencé un dialogue brusquement interrompu.

Bien sûr, il me demande d'essayer d'obtenir un contact avec son père. Cela nous est refusé !

L'âme, nous dit-on, a du mal à quitter ses liens terrestres. Aussi, ne devons-nous pas tenter de la « réattirer » vers nous, mais bien au contraire, nous devons prier pour qu'elle monte le plus vite possible vers l'Amour qui l'attend.

Peut-être des mois, des années de notre temps terrestre, passeront-ils avant que nous puissions la contacter. Il faut laisser l'âme faire son propre chemin, sinon nous l'alourdirions, la freinerions dans son détachement nécessaire, loin de ses anciens repères terrestres.

Ce n'est que lorsqu'elle parvient dans une sphère de calme et d'Amour qu'elle peut, sans encombre pour elle, se pencher vers nous. Une seule demande : nos prières pour l'aider à monter.

Ensemble, désormais, Marc et moi recevons des messages que ma main pose en larges volutes sur le papier. Je laisse dans le texte reçu quantité de fautes d'orthographe, car, n'entendant qu'un seul mot scandé à la fois, je ne puis faire aucune liaison grammaticale.

Je me sens bien avec lui, j'ai l'impression d'avancer plus vite dans la compréhension. C'est une époque de ma vie où je découvre la paix, comme un cadeau. Mes enfants s'épanouissent, se multiplient pour mon plus grand bonheur.

Anne prend de la maturité. Avec la fin de ses études, elle s'envole vers le monde du travail qui, par chance, s'ouvre très vite à elle.

Je me nourris de leur vie, même si souvent c'est lourd de partager leur stress ou leurs angoisses.

Mais, je sais maintenant que je ne peux parcourir *à leur place* leur propre chemin de vie, que je ne peux et ne dois retirer tous les cailloux de leur route.

Je peux simplement imiter ce que Dieu fait pour nous. Il se tient près de nous « une torche allumée à la main » et de tout son Amour guide nos pas sur le chemin que *nous nous sommes choisi* en revenant. Car nous sommes revenus pour apprendre quelque chose de nouveau dans notre dynamique de réincarnation, ou pour remplir auprès d'autres une mission librement acceptée.

Ainsi, je puis les aimer, mais je dois les aimer comme on aime et protège un enfant qui va de son père à sa mère en accomplissant ses premiers pas : on sait qu'il peut tomber mais on doit le laisser faire, car il doit apprendre à marcher seul.

⁂

Nous nous tenons, tous les deux, debout et silencieux dans cet aéroport où j'ai accompagné Marc ce matin. Il est temps qu'il me quitte car son vol est déjà affiché à l'embarquement : Houston

11 h 50. Il boude, me fait la tête, mais en même temps ne veut pas s'arracher à moi.

— Écoute, encore une fois... tu es libre dorénavant. Ils ont fait leur vie. Occupe-toi de toi. Viens ! Viens avec moi !

Il insiste, boudeur. C'est un petit garçon à qui on refuse un jouet. Je secoue la tête, très malheureuse au fond de moi.

— Écoute, Marc, tu ne peux pas comprendre, je suis soudée à eux. Je ne peux pas partir à des milliers de kilomètres. Tu n'as pas d'enfants, tu n'imagines même pas !

— Mais maintenant c'est fini ! Ils sont indépendants !

Je hausse les épaules. Comment lui expliquer que rien n'est jamais fini dans cet amour-là ? Comment lui faire comprendre que tout l'amour dont je suis capable, et que je n'ai pu assouvir, je le leur ai donné ? J'ai fusionné avec eux. Ils ne sont pas à côté de ma chair, il sont dans ma chair, ils sont ma vie...

Les petits qui arrivent ne sont que la continuité, la multiplication, de cet amour-là. Alors... je mourrais de solitude et d'ennui loin d'eux.

Je m'entends dire à Marc :

— Tu reviendras peut-être en France ? Un jour ?

L'imminence du départ de son vol nous sépare.

Et comme Marc ne fait jamais dans la dentelle, il lance tout bas, au creux de mon oreille, avant de s'arracher à moi :

— Tu fais une connerie… mais je t'aime, ne l'oublie pas.

Sa grande silhouette a disparu derrière la douane. Je me sens à la fois malheureuse et soulagée. J'ai bien trop peur de m'investir, de m'engager. J'ai bien trop peur d'être déçue comme cela m'est arrivé à chaque fois.

Alors, entre cette incertitude et la paix retrouvée, tant familiale que professionnelle, je n'hésite pas, je choisis le non-amour, la non-souffrance, le non-investissement.

Les jours passent, je n'ai aucune nouvelle. Les semaines passent, je n'ai aucune nouvelle… Je n'en donne pas non plus. Pourtant je reçois par mon père un message précis :

> *On ne refuse pas l'amour d'une âme. Ta solitude est stérile. Deux âmes qui s'aiment font rejaillir beaucoup plus d'amour sur les autres, elles irradient ensemble beaucoup plus loin. Nous ne choisirons pas pour toi… mais c'est stérile, il faut que tu le saches…, je te l'ai déjà dit.*

Justement, je ne leur rappellerai pas ma douloureuse expérience avec Graham. Mais, non ! Je ne recommencerai pas ! Jérôme insiste à son tour, me conseillant de réussir ce que j'ai manqué avec lui.

Non… J'ai eu trop mal dans mes amours tout au long de mon chemin. Je préfère la solitude heureuse. Pourtant, à mon tour, la vie va me rattraper là où je ne l'attends plus…

⁂

Ce soir, je dialogue avec Jérôme, qui ne me reparle plus de Marc mais du travail qu'il effectue dans sa sphère, en ce moment.

Ici, je me suis trouvé apeuré, un peu seul mais maintenant, j'y travaille bien. Je suis chargé d'enfants. C'est-à-dire que Dieu a trouvé que mon âme pouvait accueillir des âmes d'enfants, car j'avais un tel regret de ce que, sur Terre, je n'ai pu donner aux miens.

Alors, comme je passais « mon temps » à regretter et à vous le transmettre sans quitter mes enfants un seul instant, Dieu dans son Amour infini a permis que mon âme évolue, monte, et aide, ce faisant, d'autres âmes d'enfants…

Tu sais, chacun sert Dieu à sa manière comme

les oiseaux chantent différemment quand ils ont compris que le soleil se lève.

Comme toi, dans les vies antérieures, tu as toujours cherché Dieu, plus ou moins bien. Dans celle-ci, tu l'as cherché très tôt, mais regarde jusqu'où tu as dû aller pour le trouver.

Je l'interromps pour demander :

— Mais, Jérôme, quand on a enfin trouvé, comment le redistribuer auprès des autres ?

Toi ? me répond-il, tu te poses la question de la redistribution de l'Amour et de Dieu ?

Écoute, relis la parabole du semeur dans l'Évangile, et tu comprendras. Les graines sont l'Amour et l'enseignement de Dieu. Donne, de toute façon, sans discrimination, mais toujours avec fermeté. Donne, mais les graines ne germeront pas tout de suite. Cependant, tu les auras plantées. Donne, la main largement ouverte mais sans étouffer l'autre.

Encore une fois, ne lui retire pas les cailloux sur la route. Il a choisi, sa route et ses cailloux. Alors, tu l'empêcherais de réaliser la mission pour laquelle il a désiré revenir.

Relis, médite cette parabole de l'Évangile, mais n'oublie pas : ne te laisse pas étouffer non plus comme par le lierre qui s'accroche à l'arbre pour le faire mourir.

Trace les limites au-delà desquelles les autres ne doivent pas rentrer. Tu dois aux autres surtout la Lumière pour la route. Tu ne dois pas faire leur chemin à leur place. Ce ne serait plus de l'Amour car tu les empêcherais de s'accomplir, de se réaliser tel qu'ils s'en sont donné le défi en revenant.

Réfléchis profondément à cela. Relis en profondeur les paraboles, celle du semeur d'abord... Priez.

Les temps vont être très durs pour la Terre. Les justes seront protégés. Tenez-vous fermement la main en famille, dans la grande famille que vous êtes en train de reconstruire.

N'oubliez pas que celui qui nous connaît, qui a pris vraiment connaissance de nous, nous doit encore plus, car nous comptons sur lui comme sur l'un de nos Croisés.

Le Christ, c'est la Lumière. C'est l'Amour incarné. C'est Dieu qui a accepté de prendre la limite de la forme d'un véhicule humain, pour, de l'expansion infinie de l'existence divine, rejoindre, se resserrer, étouffer dans cette forme terrestre pour s'y faire frapper et tuer.

Cet Amour-là même dans ton cœur de mère, tu ne peux l'imaginer : Christ jeunesse. Christ Lumière. Quelles surprises t'attendent ici... si tu savais !...

— Mais alors, qu'en est-il des différentes religions ? Qui a raison ? Qui a tort ?

*Les différentes religions sont comme des costumes divers d'une même réalité. En fait, dans chaque ethnie, il y a recherche d'absolu, il y a recherche de la Vérité antérieure. Ainsi chaque âme se souvient à sa manière. Chaque âme a l'obscur souvenir de l'*UN *et du bonheur qui y était attaché.*

*Ce n'est pas pour se protéger que l'homme s'invente toujours une réalité en des entités supérieures, c'est parce qu'il sait et qu'il veut retrouver la vérité de l'*ABSOLU.

Ainsi, influencé par sa vie sociale, ses codes de groupe, l'homme de toute son âme tend vers l'Absolu. Il habille donc cette recherche à sa manière, il crée des imageries influencées par ses goûts et sa culture.

Toutes ces recherches ont créé des manières différents de re-lier l'Homme à Dieu. On a appelé ces différentes manières des re-ligions : ce qui relie Dieu à l'Homme. Ce sont les facettes d'un même prisme qui monte en recherche à l'assaut de la vérité divine retrouvée.

Hélas, les hommes y ont glissé leur instinct de pouvoir et leur cupidité d'où le détournement navrant de la vérité suprême : l'Amour.

Ainsi, ne jugez aucune religion. Toutes sont

bonnes à une unique condition : qu'elles tendent vers l'Amour, le partage, le retour dans l'Unité du bonheur partagé.

Ainsi quels que soient les us et coutumes, la langue, les représentations, seule compte la jauge de l'Amour entre vous.

Dans la fange, si l'on trouve le don et l'Amour, la tolérance et le partage, on trouve Dieu. Peu importe la manière dont vous enrobez tout cela.

Ainsi toute pseudo-religion qui crée la haine et la discorde, crée le développement et le triomphe des forces du MAL. *Ce fanatisme, ce non-Amour de quelque religion qu'ils viennent font reculer Dieu, l'Amour, l'Unité.*

Ainsi, peu importe les rites, ce qui importe, c'est le don de l'Ame à Dieu à travers l'Amour donné aux autres.

Imaginez la différence de vos vies si l'Homme comprenait cela. Il n'aurait ainsi pas à vivre tout ce qu'il va devoir endurer, car Dieu ne peut pas laisser les âmes se perdre définitivement.

Ainsi, compréhension et tolérance vous feront découvrir le « fond » de ces religions diverses, ce qui les unit, et leur dénominateur commun : l'Amour, occulté par l'orgueil et l'avidité des hommes.

La Vierge, la Vierge Mère, quant à elle, différemment représentée, est en fait la représentation de l'Amour divin sous sa forme féminine. L'éclat de l'Amour dans la maternité.

Soyez curieux. Informez-vous. Ne restez pas en jugement superficiel de la religion des autres. Sous quelque forme que ce soit, habillée de quelques rites que ce soient, cette manifestation est la recherche de Dieu en l'homme.

Le téléphone se met à sonner. Jérôme poursuit :

Vas-y, c'est Isabelle... nous continuerons après.

Oui, c'est bien ma sœur, qui a envie ce soir, comme tant d'autres soirs, de parler avec moi. Je lui explique que je reçois un message de Jérôme :

— Bien ! On se retéléphonera après. Mais, me dit-elle, profites-en pour demander pourquoi les artistes souffrent-ils tant, car j'ai une amie, auteur, bien malheureuse en ce moment à travers son écriture ! A tout à l'heure...

Très naturellement, je reprends le crayon pour qu'il trace rapidement en lettres larges et déformées ce que Jérôme continue à me dire :

L'écriture est un don de Dieu, comme tous les dons artistiques. Ils sont l'expression d'un paradis perdu. Tout au fond de lui, l'artiste a recours à ce cri d'Amour, ce cri qui remonte de sa vie terrestre vers la Lumière cristalline du divin.

C'est cette vague-là, ce flux-là qui vous inonde quand vous créez ou qu'une création, celle d'un autre, vous arrache des larmes de joie.

Dans votre vie l'Amour est loi : sans Amour, vous mourez, plantes privées d'eau.

Et ces moments aussi sont bien des moments d'amour quand ma sœur et moi recevons des enseignements venant d'eux, émanant de leur communauté recréée au-delà de la mort.

⁂

Les mois passent. Deux naissances, l'une chez mon fils, l'autre chez ma fille. Deux immenses joies qui nous entraînent au comble du bonheur.

Un garçon tout d'abord qui, en quelques mois, s'avère être le portrait de Jérôme, petit. Quel clin d'œil ! Te voilà revenu ?

Chloé, elle, accouche d'une fille. Lisa est le portrait de son père que nous aimons tous tant. Merci ! Oh ! Merci pour tout ce bonheur.

Comment Marc a-t-il eu vent de ces deux naissances ? Je ne sais... mais je reçois quelques semaines plus tard un petit mot de Houston qui est bien dans son style :

« Bravo à toi, ma Florence. La concurrence augmente... Je ne dois plus avoir beaucoup de chances maintenant... Pourtant, je ne désespère pas, je quitte ce pays, pour regagner le nôtre... Et si j'essayais une nouvelle fois ? »

Je ne pensais pas être touchée aussi profondément. Marc est donc encore si fortement présent en moi ?

⁂

C'est l'été. Nous sommes tous réunis en famille dans le jardin de ma maison. Il fait beau. Je suis bien. J'entends tous les miens rire ou gazouiller autour de moi.

Brusquement, coupant ce joyeux brouhaha, un coup de sonnette strident. Qui peut bien arriver à cette heure ?

Camille, la plus curieuse, court vers le portail et en ouvre le battant. Germain, le fils de Franck, est dans mes bras. J'ai l'impression de porter un Jérôme enfant. Lisa rit et chantonne près de moi dans sa petite chaise.

Tout le monde se fige à la vue du grand intrus qui vient de pénétrer dans le jardin.

Je me lève, stupéfaite :

— Marc ! Mais tu es arrivé sans prévenir !

— Euh ! oui, tu sais je me suis dit... si je préviens, elle risque de ne pas me recevoir.

Le silence se fait. J'ai l'impression que tout le monde voit mon trouble et nous écoute. Mais Marc est tellement sympathique que tous l'entourent et lui font bientôt une place autour de la table.

Camille s'installe de manière péremptoire sur ses genoux. Il rit... Elle aussi... Je le présente. Tous le questionnent sur sa vie au Texas.... sur l'époque où nous travaillions ensemble.

Le temps coule heureux, nourri de petits riens si importants, Franck et Marc activent le barbecue. Je ressens un réel bonheur de le revoir ! Nous partageons le repas en riant.

Il est tard, le jour fait place au crépuscule, les enfants vont me laisser seule face à lui. J'ai peur de moi.

Je les regarde ensemble... mon fils... mes filles... les petits... ce n'est pas si mal... au contraire... On pourrait nous prendre pour une famille sans histoire, pour laquelle le temps aurait doucement passé.

⁂

Les portières des voitures claquent, les unes après les autres... A bientôt...

Anne retient sur ses genoux Camille qui veut encore me dire quelque chose.

La petite descend de la voiture et court vers moi. Elle me regarde de ses yeux noisette, ceux de Jérôme.

— Écoute... moi, tu sais, il me plairait bien comme grand-père...

Puis elle éclate de rire, ses yeux pétillent de malice. Ravie, elle file vers Anne qui lui tend les bras dans la voiture.

Quand ils ont disparu au coin de la rue, je me retourne lentement. Marc éteint le barbecue naturellement, comme s'il avait fait cela, ici, toute sa vie...

L'air a cette même odeur qu'au printemps 1979, quand mon père est parti. Cette odeur de printemps chaud et frais à la fois. Mais aujourd'hui je ne la ressens pas comme une agression.

Un soleil trop tard ? Peut-être pas cette fois-ci...

— Viens, on va rentrer dit Marc, simplement.

ÉPILOGUE

Soir du 31 mai 1997

Date anniversaire de la mort de mon père. Cet ouvrage est presque fini quand nous recevons Isabelle et moi un message qui conclut la première phase de notre incroyable expérience…

Des cendres naît le phénix au zénith de sa lumière et de sa gloire. De la souffrance, de la mort à la vie, de la trahison, de l'abandon, du chagrin, vous avez pétri une glaise, une argile où le Souffle est venu mettre son Amour.

De cette Terre labourée par vos larmes et votre don, Dieu fera, Dieu a fait son temple. Ainsi, concrétisé dans l'Amour, l'être né de vos douleurs, votre second vous-même est projeté en Dieu…

Vers quel chemin partons-nous à nouveau ?

Fin

Impression réalisée sur Presse Offset par

BRODARD & TAUPIN

GROUPE CPI

15582 – La Flèche (Sarthe), le 20-11-2002
Dépôt légal : décembre 2002

POCKET – 12, avenue d'Italie - 75627 Paris cedex 13
Tél. : 01.44.16.05.00

Imprimé en France